ICH BESCHÜTZE DICH

Elizabeth Clare Prophet

ICH BESCHÜTZE DICH

Wie wir mit Erzengel Michael
sicher durchs Leben gehen

Aus dem Englischen übersetzt
von Manfred Miethe

Ansata

Die amerikanische Originalausgabe erschien 2008 unter dem Titel »I Am Your Guard« im Verlag Summit University Press, Gardiner, Montana.

FSC
Mix
Produktgruppe aus vorbildlich bewirtschafteten Wäldern und anderen kontrollierten Herkünften
Zert.-Nr. SGS-COC-1940
www.fsc.org
© 1996 Forest Stewardship Council

Verlagsgruppe Random House FSC-DEU-0100
Das für dieses Buch verwendete FSC-zertifizierte Papier *Munken Premium Cream* liefert Arctic Paper Munkedals AB, Schweden.

Ansata Verlag
Ansata ist ein Verlag der Verlagsgruppe Random House GmbH

ISBN 978-3-7787-7356-7

1. Auflage 2008
 Printed in Germany
Einbandgestaltung:
Privatakademie Leonardo, Hamburg, Christina Thönes
Gesetzt aus der Minion
bei Guter Punkt GmbH & Co. KG, München – Andrea Barth
Herstellung: Helga Schörnig
Druck und Bindung: GGP Media GmbH, Pößneck

INHALT

TEIL 1

DER FÜRST DER ERZENGEL

GRACES GESCHICHTE

Es ist nicht weiter ungewöhnlich, dass ich höre, wie meine Schwester Julia Erzengel Michael anruft und ihn um Hilfe bittet, wenn wir reisen. Ich erwarte es eigentlich nicht anders. Auf Reisen bittet sie ihn um Schutz, sie bittet ihn, den Verkehrsstau aufzulösen, wenn wir Stoßstange an Stoßstange stehen, und sie bittet ihn, uns zur richtigen Adresse zu führen, wenn wir uns verfahren haben. Sie bittet ihn sogar, uns bei der Parkplatzsuche zu helfen, selbst wenn diese aussichtslos erscheint. Ihre Anrufungen sind Gebete, die sie mit großem Nachdruck laut ausspricht.

Ich persönlich fühle mich am sichersten, wenn ich mit Julia reise, weil ich weiß, dass Erzengel Michael auf unserer Seite steht. Aber nie habe ich seine Präsenz so deutlich gespürt wie am Abend des 22. September 2002 gegen 23.00 Uhr.

An jenem Abend befanden sich meine Schwestern und ich nach einem Einkaufsbummel und einem späten Abendessen auf dem Nachhauseweg. Megan, meine jüngste Schwester, fuhr den

Kleinbus. Julia (ich danke Gott, dass sie an diesem Abend bei uns war!) saß auf dem Beifahrersitz und ich saß hinten. Plötzlich überholte uns ein Auto mit hoher Geschwindigkeit, scherte direkt vor uns ein und zwang uns kurz vor einem Halteschild auf einer dunklen, menschenleeren Straße zum Anhalten.

Das Nächste, was wir wussten, war, dass ein paar Männer aus dem Auto sprangen und uns mit Pistolen bedrohten. Ich erinnere mich noch, dass ein junger Mann seine Pistole direkt auf mich richtete und sich mir näherte. Ich konnte sehen, dass sich sein Mund bewegte, aber ich konnte kein Wort hören. Meine Schwestern haben mir später gesagt, dass er geschrien habe: »Sofort raus aus dem Wagen!«

Ich war im Kleinbus hinter dem Beifahrersitz auf die Knie gefallen und hörte mich selbst schreien. Zwischen den Schreien konnte ich hören, wie Megan immer wieder sagte: »O mein Gott, er hat eine Waffe!«

Inmitten dieses Chaos hörte ich, wie Julia anfing zu beten und Erzengel Michael um Beistand bat. In dem Augenblick, in dem ich sie beten hörte, spürte ich tief in mir ein Gefühl großer Ruhe. Ich war zwar immer noch zu Tode erschrocken, aber ihre Gebete gaben mir ein Gefühl der Hoffnung.

»Erzengel Michael, hilf uns! Hilf uns! Hilf uns! Erzengel Michael, hilf uns! Hilf uns! Hilf uns!«

Während Julia den Engel anrief, kam Megan aus ihrem Schockzustand heraus. Sie ergriff das Lenkrad und trat das Gaspedal voll durch. Julia betete weiter. Während wir vom Ort des Überfalls davonrasten, wussten wir, dass wir noch nicht außer Gefahr waren. Wir befürchteten, dass uns die Männer möglicherweise bis nach Hause folgen würden. Aber sie folgten uns nicht. Und sie schossen auch nicht auf uns, als sie die Gelegenheit dazu hatten. Sie schossen uns nicht einmal hinterher, als wir davonrasten. Wir waren in Sicherheit!

Ich bin überzeugt, dass Erzengel Michael seine Flügel um uns gebreitet und uns vor den bösen Absichten jener Männer beschützt hatte. Erzengel Michael ließ uns wissen, dass er da war, und dafür danke ich ihm.

Erzengel Michael, danke, dass du mir Ruhe geschenkt hast, als ich Angst hatte.

Danke, dass du Megan den Mut geschenkt hast, davonzurasen, als sie vor Schreck wie erstarrt war.

Danke, dass du auf Julias Hilferufe reagiert hast.

Danke, dass du deine Flügel um uns gebreitet und uns beschützt hast.

IHR PERSÖNLICHER BESCHÜTZER

Wer ist dieses majestätische Wesen, das wir Erzengel Michael nennen? Haben auch schon andere Menschen seine Gegenwart gespürt? Wird er auch mir und denen, die mir teuer sind, helfen? Wie können wir ihn in unser Leben bringen?

Aus seinem eigenen flammenden Geist erschuf Gott die Engel – Erweiterungen seiner Gegenwart, die sich in einer Form manifestieren, die wir erkennen können. Gott erschuf die Engel, bevor er uns erschuf, damit wir Hüter hätten. Die Liebe des Schöpfers ist so zart und so gegenwärtig, dass er sie uns auf ganz persönliche Weise durch seine Engel bekannt macht.

Erzengel sind herrliche kosmische Wesen. Sie nehmen den höchsten Rang in der Hierarchie der Engel ein, und

Erzengel Michael ist derjenige, dem sich alle anderen Erzengel und ihre Legionen unterordnen. Er ist der Fürst der Erzengel und befehligt Millionen himmlischer Legionen.

Häufig erscheint er in einer leuchtend blauen Rüstung, umgeben von einem intensiven blauweißen Licht, das aussieht wie ein Blitz. Das elektrische Blau, das seine Aura durchzuckt, zeigt das Vorhandensein von Macht, Kraft und Entschlossenheit an. Das Blau weist aber auch auf den göttlichen Plan oder die göttliche Blaupause hin.

Jeder von uns wurde für einen bestimmten kosmischen Zweck erschaffen, und dieser ist im Bauplan unserer Seele eingraviert. Erzengel Michael bekräftigt diesen einzigartigen Plan, und er befreit uns, damit wir unsere Mission erfüllen können. Als Meister der Macht lehrt uns dieser mächtige Erzengel auch den rechten Gebrauch der Macht – in Regierung, Wirtschaft, in Führungspositionen und in allen Aspekten von Organisation, Verwaltung und Recht.

Aber wir kennen ihn vor allem als Schutzengel. Wir alle brauchen Schutz – körperlich wie spirituell. Erzengel Michaels Bestimmung ist es, uns zu beschützen, unsere Seelen zu verteidigen und sich um uns zu kümmern.

Soweit ich weiß, hat er meine Familie und mich Dutzende Male vor großer Gefahr beschützt und höchstwahrscheinlich noch viel öfter. Ich erinnere mich, dass ich einmal die Gegenwart Erzengel Michaels so stark spürte, dass ich weder meine Hand noch meinen Arm gegen die Macht dieses gewaltigen Engels erheben konnte, der mich vor großer Gefahr beschützte.

Manche Menschen denken, dass bestimmte Engel nur bestimmte Dinge tun können. Aber Engel besitzen ein großes kosmisches Bewusstsein. Obwohl sie durchaus Spezialgebiete haben, können sie ihren Einfluss doch weit über einen bestimmten Bereich hinaus ausdehnen. Obwohl Michael also Macht und Schutz manifestiert, kann er unseren Körpern und Seelen aber auch Heilung bringen. Tatsächlich wurde er in der frühen Kirche als himmlischer Arzt verehrt.

Als Engel der Heilung befreit er uns von den inneren und äußeren Kräften, die unser Leiden, unsere Bürde und unser Karma noch verstärken. Er hilft uns, die Gedankenprozesse zu überwinden, die Krankheit, Zerfall und Tod entstehen lassen und verstärken. Wenn Sie ein

Problem haben, zum Beispiel eine schädliche Angewohnheit, kann er Ihnen helfen, Sie von dieser Last zu erlösen. Seine Heilkraft kommt direkt von der höchsten Wissenschaft des Willen Gottes.

DAS GESCHENK DES GLAUBENS

Jeder Erzengel hat sein weibliches Gegenstück, Archeia. Der Erzengel und Archeia können zu einem Wesen verschmelzen oder getrennt als individuelle Wesen agieren. Erzengel Michaels himmlisches Gegenstück ist Archeia *Glaube*, die die Qualität des Glaubens beseelt.

Wahrer Glaube beinhaltet mehr, als in der üblichen Definition des Wortes enthalten ist. Wir verstehen darunter auch die Fähigkeit, das Konzept des für uns bestimmten göttlichen Planes aufrechtzuerhalten, unsere wahre Berufung zu finden und durch die Macht Gottes gestärkt zu werden.

Jeder von uns muss an irgendetwas glauben. Darum können wir an Gott und seine Engel glauben. Denn Menschen werden uns untreu werden, aber Gott und die Engel werden dies niemals tun. Gott hält immer seine uns gegebenen Versprechen, selbst dann, wenn wir die Antworten auf unsere Gebete nicht sofort sehen können. Aber sie werden kommen. Die Antworten werden mit Sicherheit kommen – wenn auch nicht immer auf die Art und Weise, wie wir es erwarten.

Glaube ist der Vogel,
der das Licht spürt und singt,
wenn die Morgendämmerung
noch nicht angebrochen ist.

RABINDRANATH TAGORE

ANGST UND ZWEIFEL VERWANDELN

Viele Menschen zweifeln. Sie zweifeln an sich selbst, sie zweifeln an Gott. Häufig haben sie auch noch große Angst. Archeia Glaube und ihre Legionen und Erzengel Michael helfen uns, unsere Zweifel und unsere Angst durch den verwandelnden Akt des Glaubens zu überwinden.

Michael hat gesagt, wenn wir ihm unsere Ängste und Zweifel geben, wird er uns sein ganzes Ausmaß an Glauben zurückgeben. Sie können sagen: »Hier, Erzengel Michael, nimm all diese Ängste und Zweifel. Ich habe lange genug mit ihnen gelebt. Ich nehme deinen Glauben, nimm du meine Ängste und Zweifel.« Ist das nicht ein guter Tausch?

Michael kann uns aufgrund seines eigenen unerschütterlichen, nicht enden wollenden Glaubens auf kosmische

Art und Weise dienen. Er glaubt daran, dass er alles empfangen wird, was er braucht, um seinen Dienst am Leben zu erfüllen. Tatsächlich ist er in einer seiner Rollen der Verteidiger des Glaubens, und dazu gehört sowohl, dass er den Glauben an uns selbst verteidigt als auch den Glauben aneinander.

WUNDER SIND ETWAS FÜR GLÄUBIGE

Dies ist die Geschichte einer Frau, die großes Vertrauen in die Macht des Erzengel Michael setzt.

Am 31. August 1985 stand Kendra um 5 Uhr morgens auf. Plötzlich überkam sie etwas und sie spürte in ihrem Herzen mit absoluter Gewissheit, dass an diesem Tag der berüchtigte »Night Stalker« gefasst werden würde. Sie fühlte sich durch Erzengel Michael darin bestätigt, dass die Zeit dafür gekommen war. Kendra begann zu Erzengel Michael zu beten, und sie wiederholte stündlich ihre Gebete, die sie einem einzigen Ziel widmete: Der Serienmörder musste gefasst werden.

Am selben Tag wurde Richard Ramírez, der Verdächtige, in einem Stadtteil von Los Angeles gefasst, als Anwohner beobachteten, wie er einen Wagen stehlen wollte. Sie fingen ihn und hielten ihn fest, bis die Polizei kam. Diese fand heraus, dass Ramírez' Fingerabdrücke mit denen in einem gestohlenen Wagen übereinstimmten, von dem man wusste, dass der Night Stalker ihn benutzt hatte.

Mehr als ein Jahr lang hatte Ramírez vergewaltigt und gemordet. Aber trotz aller Zeitungsartikel und aller Gebete war er nie erwischt worden. Kendra hatte etwas getan, das den entscheidenden Unterschied ausgemacht hatte: Sie hatte ihre Gebete auf Erzengel Michael konzentriert. In ihrem Herzen war sie fest entschlossen, dass dies der Tag sein würde. Sie hatte sich geschworen, nicht eher mit ihrer Gebetswache aufzuhören, bis sie ihr Ziel erreicht hatte.

Vielleicht glauben Sie nicht, dass die Festnahme durch die Tat einer Person ausgelöst wurde, die beschlossen hatte, eine Gebetswache abzuhalten. Man sagt, Wunder seien nur etwas für Gläubige. Aber auch Sie werden ein Gläubiger werden, wenn Sie anfangen, die vielen Wunder zu erkennen, die Erzengel Michael für Sie und durch Ihre Gebete für andere vollbringt.

Manchmal ist nur eine einzige Person nötig, die Entschlossenheit und Glauben zeigt, um etwas zu beenden, was sehr dunkel und sehr böse ist und das seit Langem ungelöst war. Wenn Sie mit Erzengel Michael arbeiten, könnten Sie diese Person sein!

REFLEXIONEN

- *Wie erleben Sie den Glauben in Ihrem Leben?*
- *In welchen Bereichen möchten Sie Ihren Glauben stärken?*
- *Wie können Sie Ihren Glauben einsetzen, um andere zu unterstützen?*

TEIL 2

ERZENGEL MICHAEL: GESTERN, HEUTE UND IN ALLE EWIGKEIT

IN HEILIGEN SCHRIFTEN UND GEHEILIGTEN VISIONEN

Der Name Michael bedeutet: »der wie Gott ist«. Manche sagen, dass dieser Name in Form einer Frage formuliert ist und der Schlachtruf der Engel war, die den Himmel gegen den Teufel und dessen Engel verteidigten. Sie riefen den rebellierenden Engeln entgegen: »Ihr denkt, ihr seid wie Gott. Wer ist wie Gott?« Es heißt, daraufhin wurde dieser Schlachtruf zu Erzengel Michaels Namen.

Eine ganze Reihe historischer und biblischer Berichte beweist, dass sich Menschen aus unterschiedlichen spirituellen Traditionen auf Erzengel Michael als Beschützer verlassen haben. In alter Zeit waren sich die Menschen der Engel viel bewusster, als wir es heute sind.

In einer Schriftrolle mit dem Titel »Der Krieg der Söhne des Lichts gegen die Söhne der Finsternis«, die am Toten Meer gefunden wurde, wird Michael »Fürst des Lichts« genannt, durch den Gott verspricht, »den Söhnen des Lichts unaufhörlich Hilfe zuteilwerden zu lassen«. Im Islam ist er als Mika'il bekannt, als Engel der Natur, der die Menschen sowohl mit Nahrung als auch mit Wissen versorgt.

Der mystischen jüdischen Tradition zufolge war Erzengel Michael jener Engel, der mit Jakob rang. Er führte Israel durch die Wüste, brachte die Plagen über den Pharao, teilte das Rote Meer, zerstörte die Armeen des Sanheribennacherib und rettete die hebräischen Knaben aus den Flammen. Er war es, der Josua erschien und die Israeliten in die Schlacht von Jericho führte. Und im Buch Henoch steht, dass Michael die Nationen befehligte. Wohin wir auch schauen, überall finden wir Erzengel Michael.

JOHANNA VON ORLEANS

Viele Heilige berichten, dass sie Erzengel Michael in ihren Visionen gesehen haben, aber die wohl berühmteste Vision hatte Johanna von Orleans. Michael erschien ihr im 15. Jahrhundert und teilte ihr mit, dass sie auserwählt worden sei, dem französischen König zu helfen, sein Reich zurückzugewinnen.

An einem entscheidenden Punkt im Hundertjährigen Krieg zwischen England und Frankreich, als alles verloren schien, gab Michael Johanna die Kraft, den Mut und die Entschlossenheit voranzuschreiten. Durch die Macht des Glaubens, die Erzengel Michael in Johanna erweckte, sammelten sich die französischen Kräfte, um die Flamme der Freiheit zu verteidigen.

Johanna sagte später vor den Kirchenoberen über Michael und seine Engel: »Ich habe sie mit meinen eigenen Augen so deutlich gesehen, wie ich euch sehe.«

DIE ENGEL GREIFEN IN HEIKLEN SITUATIONEN EIN

Wenn auch wir die uns von Gott gegebene Macht ausüben, die Hilfe der Engel in Anspruch zu nehmen, kommen ganze Legionen zu unserer Hilfe, um uns bei allen Arten von Problemen wie Krieg, Hunger und Krankheit beizustehen. Wir können die Engel anweisen, bestimmte Projekte zugunsten unserer Familien, unserer Schulen, unserem Gemeinwesen oder unserer Nation in Angriff zu nehmen. Wir können sie bitten, unsere Kinder auf den inneren Ebenen zu unterweisen, uns zu helfen, bedeutsame Beziehungen mit unseren Berufskollegen herzustellen, oder den Boden für fruchtbare Begegnungen zu bereiten. Wir können die Engel anrufen, uns bei allem Möglichen zu helfen – vom scheinbar Banalen bis hin zum Spirituellen.

EIN MACHTVOLLER STOSS

Eine Frau schickte mir diese Geschichte zu, in der es darum geht, wie ihr Erzengel Michael an einem kalten Wintertag geholfen hatte. Sie war gerade zu Besuch bei ihren Eltern in Neuengland. Es hatte geschneit und ihr Kleinbus war in der Auffahrt stecken geblieben. Ihr Vater versuchte ihn hin- und herzuschaukeln, aber er blieb weiterhin im Schnee stecken. Dann versuchte er, mit ihr am Steuer, den Wagen anzuschieben. Dann versuchten sie beide zu schieben. Aber nichts tat sich. Je mehr sie schoben, desto tiefer grub sich der Kleinbus ein.

Nach etwa einer halben Stunde überzeugte die nur 1,60 Meter große Frau ihren Vater, einzusteigen und hin- und herzuwackeln, während sie anschob. Dann bat sie voller Leidenschaft Erzengel Michael um Hilfe: »Erzengel Michael, hülle mich in deine Gegenwart und schiebe diesen Wagen an!« (So sollte man den Engeln Anweisungen geben, denn sie erwarten von uns, dass wir mit der Autorität unseres Höheren Selbst sprechen.) In weniger als einer Minute war der Wagen aus seiner misslichen Lage befreit und rollte auf die Straße.

Der Vater der Frau war verblüfft. Wie war es möglich, dass seine zart gebaute Tochter den großen Wagen hatte anschieben können? Sie sagte: »Ich habe ihm erzählt, dass nicht ich es war, sondern Erzengel Michael. Er sah mich ein paar Sekunden völlig entgeistert an und stieg dann, ohne ein Wort zu sagen, wieder ein.«

*Pflege Umgang mit den Engeln und
sieh sie häufig im Geiste vor dir, denn obwohl sie
unsichtbar sind, so sind sie doch bei dir.*

DER HEILIGE FRANZ VON SALES

MICHAEL MACHT UNS MUT

Direkt an Erzengel Michael gerichtete Gebete können unglaubliche Macht haben. Wenn Sie sich unfähig fühlen, mit bestimmten Schwierigkeiten fertig zu werden, wenn Sie sich durch andere – scheinbar Stärkere – eingeschüchtert oder im Angesicht einer Gefahr hilflos fühlen, rufen Sie Erzengel Michael an. Sie werden sehen, er wird Ihnen zu Hilfe kommen, wie er Heline zu Hilfe kam.

Mein Mann war Alkoholiker, ein richtiger Quartalssäufer. Es gefiel ihm nicht, dass ich auf dem spirituellen Weg war, und er bedrohte mich körperlich. Ich war völlig verängstigt, aber ich beschloss, mich nicht einschüchtern zu lassen.

Eines Morgens sah ich ein blaues Licht, ein wunderschönes Aquamarin. Ich konnte dieses gewaltige Licht spüren und ich wusste, dass es Erzengel Michael war. Er sagte zu mir: »Du brauchst keine Angst mehr zu haben.«

Ich beschloss mich durchzusetzen und die Angst verschwand. Danach hatte ich keine Pro-

bleme mehr mit meinem Mann. Ich blieb noch 29 Jahre bei ihm, bis er starb.

DREI WUNDER

Hier ist noch eine Geschichte, in der beschrieben wird, wie Erzengel Michael als Reaktion auf ein dringliches Gebet zur Hilfe kam.

Die meisten von uns begreifen gar nicht, wie groß die Unterstützung durch die himmlischen Heerscharen ist oder wie wichtig es ist, sie jeden Tag um Beistand zu bitten. Oft denken wir erst daran, wenn wir mitten in einer Notsituation sind.

Eine solche Situation ereignete sich, als ich mit dem Greyhound-Bus nach Chicago fuhr. Weil der Bus so voll war, musste ich ziemlich weit hinten sitzen. Wie immer sprach ich meine Gebete zu Erzengel Michael, bevor die Fahrt begann.

An einer Haltestelle kurz vor Chicago stieg ein betrunkener Mann zu. Er verhielt sich völlig ver-

rückt und seine Sprache war so obszön, dass es schwer war, in seiner Nähe zu sein. Er setzte sich direkt hinter mich. Ich betete still zu Erzengel Michael, dass ich keine weiteren obszönen Bemerkungen von diesem Mann ertragen müsse – besonders, weil sich auch Kinder im Bus befanden. Glücklicherweise schlief er bald ein.

Aber die Ruhe sollte nicht lange währen. Als der Busfahrer eine Durchsage machte, wachte der Mann auf und seine Sprache war genauso derb wie vorher. Er sagte dem Mann neben ihm, dass er an der nächsten Haltestelle noch mehr Schnaps kaufen wolle, damit sie sich amüsieren könnten. Er prahlte damit, dass er reichlich Geld dabeihätte, und griff in seine Tasche. Als er merkte, dass das Geld weg war, rastete er völlig aus. Er zog einen Revolver, brüllte Obszönitäten und drohte damit zu schießen, wenn er nicht sofort sein Geld zurückbekommen würde.

Sofort rief ich – so laut es die Situation erlaubte – Erzengel Michael und die Heerscharen Gottes an und bat sie, alle im Bus zu beschützen und das Böse, das sich durch diesen Mann offenbarte, zu binden.

Je wütender der Mann wurde, desto mehr nahm die Spannung im Bus zu. Mit dem Finger am Abzug verlangte er die Rückgabe seines Geldes – angeblich etwa 12 000 Dollar. Ich rief die Engel an, dem Mann zu helfen, sein Geld zu finden.

Innerhalb weniger Minuten, die mir aber wie eine Ewigkeit erschienen, geschahen drei Wunder. Das erste Wunder: Er schoss nicht. Das zweite Wunder: Er fand das Geld in einer anderen Tasche. Das dritte Wunder: Er fing an, sich bei allen Fahrgästen zu entschuldigen. Es schien, als sei er innerhalb weniger Minuten völlig nüchtern geworden und wieder zu Verstand gekommen.

Bis der Busfahrer gemerkt hatte, was los war, den Bus angehalten hatte und nach hinten gekommen war, hatte der Mann seinen Revolver längst wieder eingesteckt. Er verließ den Bus, noch immer seine Entschuldigungen murmelnd.

Ich bin fest davon überzeugt, dass ohne Erzengel Michael viele unschuldige Menschen – darunter auch ich – verletzt oder getötet worden wären.

MICHAEL UND IHR SCHUTZENGEL

Erzengel Michael ist der Schutzengel des Herrn, der der Menschheit seit Zehntausenden von Jahren dient. Ihre persönlichen Schutzengel arbeiten mit ihm. Daher können Sie zu beiden beten.

Zum Beispiel: »Im Namen meines Höheren Selbst rufe ich das Herz meines Vater-Mutter-Gottes an, rufe ich Erzengel Michael und meinen persönlichen Schutzengel an, mich zu behüten und zu beschützen. Auch bitte ich euch, meine Geliebten, nicht nur mich zu beschützen, sondern alle Seelen des Lichts auf dieser Welt.«

MEIN SCHUTZENGEL HAT MIR GEHOLFEN

Ein kleines Mädchen schickte mir diese Geschichte, in der erzählt wird, wie ihr Schutzengel sie gerade noch rechtzeitig rettete.

Es war an einem sonnigen Frühlingstag. Ich wollte mit meinem Fahrrad einen Hügel hinauffahren. Ich war aber erst vier Jahre alt und schaffte es nicht bis auf den Hügel. Zuerst merkte ich es nicht, aber dann fing das Rad an, den Hügel rückwärts hinunterzurollen. Schon bald rollte ich immer schneller und bekam große Angst!

Plötzlich erinnerte ich mich daran, was meine Mutter mir über die Engel erzählt hatte. Ich schrie: »Erzengel Michael, hilf mir!« Und schon bald hörte mein Fahrrad auf zu rollen. Ich drehte mich um, konnte aber erst nichts sehen. Dann aber bemerkte ich, dass meine Schutzengelin mein Fahrrad angehalten hatte.

Meine Schutzengelin war sehr groß und hatte welliges Haar. Sie trug eine Bluse in Rosa, Gelb und Blau und einen weißen Rock. Ihre riesigen Flügel waren ebenfalls weiß, und sie war von einem leuchtend gelben Glorienschein umgeben. Ich bin so froh, dass meine Schutzengelin da war, um mir zu helfen!

ERZENGEL MICHAELS RÜCKZUGSORT

Eine Möglichkeit, mit Erzengel Michael zu kommunizieren, besteht darin, uns an seinen Rückzugsort, sein spirituelles Heim, zu begeben. Alle Erzengel und andere Lichtwesen, die sich um die Erde kümmern, haben solche Rückzugsorte. Sie befinden sich im Reich des Lichts über der grobstofflichen Welt, in einem Reich, das als die ätherische Oktave oder Himmelswelt bekannt ist. Jeder Rückzugsort entspricht einer charakteristischen Landmarke, also einem bestimmten physischen Ort auf diesem Planeten. Ein gewaltiges Licht ergießt sich von diesen Rückzugsorten aus über die Erde.

Der Rückzugsort von Erzengel Michael und von Archeia Glaube, der Tempel des Glaubens und des Schutzes, befindet sich über Banff und dem Lake Louise in den kanadischen Rocky Mountains. Der runde Tempel ist mit Gold, Diamanten und Saphiren ausgelegt. Rund um den Tempel herum befinden sich herrliche Gärten, Springbrunnen und Bänke aus weißem Marmor. Der Hauptaltar besteht aus weißen und blauen Diamanten und auf ihm lodert eine strahlende Flamme empor, deren Farbspektrum von einem dunklen Saphirblau bis zu fast weißen Pastelltönen reicht. Um den Altar herum befinden sich Sitze in konzentrischen Ringen, auf denen Tausende von Engeln Platz finden.

Ihre Seele kann diesen Rückzugsort aufsuchen, während Ihr Körper schläft. Sie können Erzengel Michael und Archeia Glaube und ihre Legionen bitten, Sie an ihren Rückzugsort zu bringen und Ihre Seele während der Reise zu beschützen. Am Rückzugsort empfangen Sie dann Unterweisungen von diesen Erzengeln und erleben eine spirituelle Neubelebung.

Oft erinnern wir uns gar nicht daran, dass wir einen Rückzugsort in der Himmelswelt besucht haben. Aber manchmal erwachen wir morgens mit einer vagen Erinnerung oder dem Gefühl, eine bestimmte Erfahrung gemacht zu haben. Wir mögen dies für einen Traum halten, aber häufig war es wahrscheinlich überhaupt kein Traum, sondern eine reale Erfahrung, während der wir Lichtwesen, Lehrern, Avataren und Engeln begegnet sind. Und auch wenn wir uns nicht genau daran erinnern können, geschieht doch auf einer tiefen Ebene unseres Wesens etwas. Teile dieser Erfahrungen mögen sich in unserem äußeren Bewusstsein als plötzliche Eingebungen, kreative Einfälle oder ein tieferes Verständnis zeigen.

REFLEXIONEN

- *In welchen Situationen könnten Sie die Hilfe von Erzengel Michael und den Engeln anfordern?*

- *Welche Aufgaben könnten Sie den Engeln im Interesse eines Menschen übertragen, von dem Sie wissen, dass er vor einer schwierigen Herauforderung steht?*

- *Worin sollen Sie die Engel unterweisen, wenn Sie sich an ihren spirituellen Rückzugsort begeben? Denken Sie daran, um spezifische Dinge zu bitten, bevor Sie schlafen gehen.*

TEIL 3

SCHUTZ DURCH DIE ENGEL IN EINER SCHWIERIGEN WELT

EINE PROPHEZEIUNG FÜR DIE HEUTIGE ZEIT

Wohin wir auch gehen mögen, wir sehen uns überall von Herausforderungen und Bedrohungen umgeben. Wir spüren, dass bestimmte Kräfte in der Welt auf uns eindringen. Wir erleben die Zerstörung unserer Jugendlichen durch Drogen und Alkohol, Kindesmissbrauch und frühen Sex. All dies kann zu schwerwiegenden Problemen führen und den Lichtfluss in den Chakras – den spirituellen Energiezentren des Körpers – beeinträchtigen. Und so wird die Energie vieler Jugendlicher geschwächt, bevor sie überhaupt das Erwachsenenalter erreichen. Es ist die Tragödie unserer Zeit, dass unsere Kinder von Kräften beeinflusst werden, die sie dazu verführen, selbstzerstörerische Entscheidungen zu treffen, bevor wir überhaupt die Wahrheit entdecken – geschweige denn, sie an unsere Kinder weitergeben können.

Der Prophet Daniel hat uns den Schlüssel zum Umgang mit diesen Problemen gegeben. Er empfing die Vision, der zufolge Erzengel Michael in den letzten Tagen kommen wird. Dies soll in einer Zeit großer Not auf der Erde geschehen. Ich halte die »letzten Tage« für unsere heutige Zeit, die das Ende eines karmischen Zyklus und eine Chance für uns alle darstellt.

> *In jener Zeit tritt Michael auf, der große Engelfürst, der für die Söhne deines Volkes eintritt. Dann kommt eine Zeit der Not, wie noch keine da war, seit es Völker gibt, bis zu jener Zeit. Doch dein Volk wird in jener Zeit gerettet, jeder, der im Buch verzeichnet ist.*
>
> Daniel 12,1

Daniel sagte, dass wir in dieser »Zeit der Not« Gott brauchen. Wir können ohne ihn nicht bestehen. Und wir können durch die Erzengel, besonders durch Erzengel Michael, zu ihm finden. Gott sandte seine Erzengel aus, damit sie in unserer Nähe sind und damit wir wissen, dass er für uns sorgen und uns aus aller Finsternis erlösen wird.

JUGENDLICHE VERLASSEN SICH AUF ERZENGEL MICHAEL

Zwei Jugendliche trafen sich, um sich über ihre enge Beziehung zu Erzengel Michael zu unterhalten und darüber, wie sein Schutz in ihrem Leben aussieht. Zu den Gebeten, die sie benutzen, gehören »Dekrete« und »Fiate«, über die Sie in Teil 6 mehr erfahren werden.

Christie: In dieser Stadt lauern viele Gefahren, deshalb bitten wir Erzengel Michael häufig, uns zu beschützen. Ich kenne viele Leute, die in Schlägereien geraten, und deshalb bete ich zu Erzengel Michael, mich aus Schlägereien herauszuhalten. Irgendwie habe ich diese Leute kennengelernt, aber sie wollten sich noch nie mit mir schlagen.

Ich erinnere mich, dass ich, als ich in der sechsten Klasse war, auf dem Nachhauseweg an einer öffentlichen Telefonzelle anhielt, um jemanden anzurufen. Plötzlich hielt ein weißer Kleinbus neben mir, in dem vier Männer saßen, die in ihren Vierzigern waren. Sie sagten immer wieder: »Steig in den Wagen!«

Ich hatte solche Angst. Ich befand mich in einer wirklich schlechten Gegend, in der es viele Verbrechen und Drogen gab. Deshalb rief ich aus: »Erzengel Michael, hilf mir! Hilf mir! Hilf mir!« Ich sagte dies immer wieder, während ich davonging. Die Männer im Kleinbus fingen an, hinter mir herzulaufen. Aber als ich mich umdrehte, waren sie plötzlich nicht mehr da …

Letzten Winter verspürte ich zwei Wochen lang einen Druck in meinem Herzen, Erzengel Michael für meinen Stiefvater anzurufen. Ich erinnere mich, dass ich zu mir sagte: »Ich möchte jetzt kein Dekret sprechen.«

Aber als der Druck eines Tages besonders stark war, richtete ich doch einige Dekrete an Erzengel Michael. Später fand ich heraus, dass sich genau in dem Moment, in dem mein Stiefvater auf der Autobahn heimfuhr, plötzlich ein Rad löste. Der Wagen wäre fast über den Mittelstreifen in den entgegenkommenden Verkehr auf der anderen Seite gerast, aber es ging noch einmal gut. Nach diesem Vorfall verschwand das Gefühl.

Victoria: Erzengel Michael beschützt mich vor Drogen. Es ist nicht leicht, sich dem Druck Gleichaltriger zu entziehen. Deshalb bete ich zu Erzengel Michael, meine Freunde drogenfrei zu machen.

Christie: Auf dem Schulweg sehe ich Leute, die Gras rauchen. Leute, die in der Kindheit meine besten Freunde waren, benehmen sich heute völlig anders, weil sie Drogen nehmen. Meine Freunde wollen mit mir über Drogen sprechen, aber ich will keine Drogen nehmen. Obwohl es manchmal schwer ist, Nein zu sagen, weiß ich doch, dass es im Leben mehr gibt als Partys, Drogen und Alkohol.

Ich bin froh über das, was ich bin, und die anderen respektieren das. Wir haben immer jemanden, auf den wir uns verlassen können, entweder aufeinander oder auf Erzengel Michael. Und wir geben auch anderen Leuten Kraft.

KRIEG UND FRIEDEN

Das Problem des Krieges mit all seinen komplexen Sachverhalten erfordert himmlischen Beistand. Normalerweise befinden sich gute Menschen auf beiden Seiten eines Konflikts und viele werden unschuldig zu Opfern. Das Problem von Krieg und Frieden beruht zum Teil auf der Natur des irdischen Lebens selbst, da auf diesem Planeten ein uralter Kampf zwischen Licht und Dunkelheit herrscht. Dieser Krieg spielt sich in unseren Seelen und unseren Herzen ab. Er findet in Familien, auf den Straßen unserer Städte und zwischen verschiedenen Ländern statt.

Und was ist mit den Männern und Frauen, die in den Kriegen kämpfen müssen? Viele von ihnen kämpfen standhaft für bestimmte Prinzipien, wie dieser Soldat erklärt.

Jeder von uns braucht hier jedes Quäntchen Licht, um die zukünftigen Kämpfe zu überleben, besonders jene Soldaten, die sich an der vordersten Front befinden. Es liegt in der Natur des Krieges, dass die schwierigsten Aufgaben normalerweise auf den Schultern unserer jüngsten Männer ruhen. Wie jede Generation vor ihnen, werden auch sie ihre Pflicht erfüllen – die große Mehrheit von ihnen mit Entschlossenheit und Kraft. Und wir werden siegreich sein, gelobt sei Gott … Es gibt einfach bestimmte Dinge, für die es sich zu kämpfen lohnt.

Wenn diese Wesen dich beschützen,
dann, weil sie durch deine Gebete
herbeigerufen worden sind.

DER HEILIGE AMBROSIUS

Viele Soldaten erfahren Unterstützung durch die Gebete regelrechter Netzwerke, die Erzengel Michael bitten, sie zu beschützen. Eltern, andere Angehörige, Freunde, Gemeindemitglieder: alle sind daran beteiligt. Ein Soldat berichtete, nachdem er aus dem Irak zurückgekehrt war, dass seine ganze Einheit nur wegen dieser Gebete überlebt hatte. Nicht einer von ihnen war getötet worden. Er sagte, er hatte die Gebete regelrecht spüren können. Ein anderer Soldat, der noch im Irak stationiert ist, erzählte die folgende erstaunliche Geschichte himmlischen Eingreifens.

SOLDATEN ÜBERLEBEN EINEN TÖDLICHEN HINTERHALT

Als wir letzte Woche ausrückten, waren wir kaum zehn Minuten unterwegs, als wir in einen Hinterhalt Aufständischer gerieten. Sie griffen uns mit drei Granatwerfern und mit Gewehren an. Plötzlich landete eine der hochexplosiven Granaten, die mit Metallkugeln gefüllt war, etwa sieben Meter von unserem Fahrzeug entfernt. Aufgrund der kurzen Entfernung hätten wir eigentlich alle getötet werden oder wenigstens schwere Verletzungen erleiden müssen und das Fahrzeug hätte durch die Explosion vollständig zerstört werden müssen.

Direkt nach den Explosionen schossen die Aufständischen mit Gewehren auf uns. Glücklicherweise war das Fahrzeug noch operationsfähig und wir konnten das feindliche Feuer erwidern und uns aus der Gefahrenzone zurückziehen. Wir sammelten uns und kehrten sicher nach Bagdad zurück. Gott sei Dank hatten wir keine Verluste zu beklagen und verloren auch keine Ausrüstung. Ohne die Gebete an Erzengel Michael und ohne sein Eingreifen hätte ich den Hinterhalt nicht überlebt. Meine Kameraden waren ebenfalls dankbar, aber noch heute fragen sie sich erstaunt, wie wir unverletzt entkommen konnten.

Die hochexplosive Munition, die gegen uns eingesetzt wurde, ist normalerweise in einem Umkreis von über 50 Metern tödlich. Wir befanden uns innerhalb dieses Umkreises und waren sogar ziemlich nah am Punkt des Einschlags. Auf einer gewissen Ebene haben wir alle erkannt, dass unser Leben durch göttliches Eingreifen gerettet wurde.

EINE KÜNSTLICHE ÖKONOMIE

Gewisse spirituelle Lehrer sagen uns, dass wir uns über Dinge wie die Ökonomie keine Sorgen machen sollen. Sie sagen, wir sollten lieber auf einem Berg sitzen, meditieren und Mantras singen. Aber wirtschaftliche Probleme, besonders jene, die sich auf unsere persönlichen Finanzen auswirken, sind selbst für spirituelle Sucher von Bedeutung. Denn wenn wir unseren Wohlstand nicht sichern, sind wir möglicherweise auch nicht in der Lage, einem spirituellen Weg zu folgen.

Viele von uns verdienen ihr Einkommen durch ihren Beruf. Daher repräsentiert Geld die Früchte unserer heiligen Arbeit und stellt unsere rechtmäßige Entschädigung dar. Aber wir leben in einer künstlichen Ökonomie. Geld wird von jenen gehortet, die damit handeln, und von jenen, die die Weltwirtschaft und die Wechselkurse kontrollieren. Dabei geht es nicht nur darum, einfach die materiellen Geldvorräte zu manipulieren, sondern – was noch wichtiger ist – die geistige Energie zu manipulieren, die auf diesen Vorrat konzentriert ist, der das Erbe der Menschen ist.

Wir sollten zu Gott beten, dass die Ökonomie geheilt wird, und wir können Erzengel Michael bitten, einzugreifen. Denn wir brauchen spirituellen Beistand, um den Reichtum und die Fülle des Lichts in unsere materielle Welt zu bringen, die uns von den höheren ätherischen Oktaven aus zur Verfügung steht.

TERRORISMUS: DIE ULTIMATIVE EINSCHÜCHTERUNGS-TAKTIK

Das uralte Versprechen hinter allen terroristischen Selbstmordanschlägen lautet, dass jene, die im Namen Gottes sterben, in alle Ewigkeit belohnt werden. Daher schlagen die Terroristen zu, wo immer sie können. Wir sehen heute das vermehrte Auftauchen des Terrorismus in den verschiedensten Formen, zum Beispiel bei Geiselnahmen und Schießereien in Schulen und Universitäten.

Der Terrorismus stellt einen Riss im Gewebe des Staates, der Gesellschaft, der Institutionen und der Individuen dar. Wenn jemand unser Herz mit Furcht erfüllt, heißt das, dass wir eine wahre Hölle durchleben. Daraus entsteht die ultimative Angst. Und genau das ist der Punkt: Der Terrorismus will nicht nur die Grundlagen der Gesellschaft erschüttern, sondern auch das Licht der Menschen stehlen.

Stellen Sie sich vor, wie ein Mensch, der große Angst hat, die Augen aufreißt. So reißt der Terror auch die Chakras auf, und das Licht strömt aus ihnen heraus. Daher vergießt der Terrorismus nicht nur Blut, sondern auch Licht.

Was können wir tun? Wir können Erzengel Michael und die Legionen des Lichts zu Hilfe rufen. Wir können visualisieren, wie die Engel alle Institutionen und jeden Quadratzentimeter unseres Landes und alle Botschaften in allen Ländern besetzen. Wir können darum beten, dass unser Land und unser Volk beschützt werden mögen und dass dies für alle Menschen in allen Ländern gelten möge.

REFLEXIONEN

- *Wie können die Menschen, die Sie kennen, davon profitieren, dass Erzengel Michael Teil ihres Lebens wird?*

- *Welche Veränderungen möchten Sie der Welt durch die Hilfe von Erzengel Michael bringen?*

TEIL 4

DER KAMPF IN DER WELT UND IN UNSERER SEELE

DIE GROSSE REBELLION

Da entbrannte im Himmel ein Kampf; Michael und seine Engel erhoben sich, um mit dem Drachen zu kämpfen. Der Drache und seine Engel kämpften, aber sie konnten sich nicht halten und sie verloren ihren Platz im Himmel. Er wurde gestürzt, der große Drache, die alte Schlange, die Teufel oder Satan heißt und die ganze Welt verführt; der Drache wurde auf die Erde gestürzt und mit ihm wurden seine Engel hinabgeworfen…

Darum jubelt, ihr Himmel und alle, die darin wohnen. Weh aber euch, Land und Meer! Denn der Teufel ist zu euch hinabgekommen; seine Wut ist groß, weil er weiß, dass ihm nur noch eine kurze Frist bleibt. Offenbarung 12,7–9, 12

Die Geschichte der großen Rebellion wird uns in Mythen und von den Weltreligionen erzählt. Sie dient als Erklärung für die Dunkelheit und das Böse in der Welt.

Ich glaube daran, dass dieser Krieg im Himmel tatsächlich stattgefunden hat, weil ich die Aufzeichnung auf den inneren Ebenen gesehen habe. Ich habe auch die gefallenen Engel gesehen und ich weiß, wie sie aussehen und dass sie sich auch heute noch verkörpern.[1] Sie sind meist jene Individuen in Machtpositionen, die gegen das Allgemeinwohl und die Freiheit der Menschen Gottes zu arbeiten scheinen. Sie sind jene, die mit Drogen, Nikotin und Alkohol handeln und Verbrechen begehen – also all das tun, was gegen das wahre Gesetz unseres Wesen verstößt.

1 Siehe dazu: Elizabeth Clare Prophet: *Fallen Angels and the Origins of Evil*. Deutsch: *Gefallene Engel und der Ursprung des Bösen*. Ansata, München 2008

DER KRIEG AUF ERDEN

Seit Michael den Teufel und seine Engel aus dem Himmel warf, wird der Krieg zwischen den Mächten des Lichts und den Kräften der Finsternis auf Erden ausgetragen. Jeden Tag können wir die Zeichen dieses Krieges auf dem irdischen Schlachtfeld beobachten: in den Köpfen und im Bewusstsein unserer Kinder, unserer Jugendlichen, unseres Volkes und des ganzen Planeten. Dies ist der Krieg um die Seelen, bei dem es darum geht, ob wir uns der Geistlosigkeit des Materialismus zuwenden oder ob wir uns auf den spirituellen Weg begeben, der zur Freiheit der Seele führt. Dabei werden wir durch alle falschen Doktrinen in Religion und Politik manipuliert, die verneinen, dass Gott in uns ist.

DER KAMPF UM DIE SEELEN

Der Krieg, der im Himmel begann, wütet noch immer auf Erden. Er wird um unsere eigene Seele und die unserer Kinder geführt. Er wird auf so subtile Weise ausgetragen, dass ich ständig gefragt werde: »Wann beginnt Harmagedon eigentlich?« Ich antworte dann, dass dieser Kampf bereits seit langer Zeit ausgetragen wird.

Schauen Sie sich unsere Kinder an. Schauen Sie sich an, was mit ihren Körpern, ihren Seelen und ihrem Geist geschieht. Das ist der Krieg, der in den Straßen unserer Städte ausgetragen wird.

Wenn Sie Kinder betrachten, die aussehen, als wären sie den Drogen verfallen, als würden sie innerlich verfallen, und wenn Sie dann fast kein Licht mehr in ihren Augen sehen, dann fragen Sie sich vielleicht, wo ihre

Seele geblieben ist. Wo ist das Kind geblieben, das Sie einst kannten? Wie konnte aus dem aufgeweckten, fröhlichen Kind voller Lebensfreude dieses dunkle, depressive und selbstmordgefährdete Wesen werden?

Dies ist ein Kampf um unsere Seelen. Wenn der Körper zerstört wird, wenn die Körperchemie und das fein abgestimmte zentrale Nervensystem sowie die spirituellen Zentren zerstört werden, wird auch die Fähigkeit zerstört, mit höheren Schwingungen in Kontakt zu kommen. Dann wird die Seele vom Kontakt mit dem lebenden Gott abgeschnitten. Für die spirituelle Einheit der Seele mit Gott bedeuten Drogen den Tod.

Wir sehen diesen Krieg auf so vielen Gebieten, nicht nur bei der Herstellung gefährlicher toxischer Drogen und Chemikalien, sondern auch auf andere Weise. Auf einer gewissen Ebene ist all dies erschaffen worden, um die Menschen zu schwächen und zu verhindern, dass sie die Wahrheit im Umgang mit den Mächten der Finsternis erkennen. Die beste Art und Weise, die ich kenne, um mit diesem Problem umzugehen, besteht darin, den Herrn und Erzengel Michael anzurufen, den großen Erretter von Moses und Josua, denjenigen, der die Schlachten für den Herrn und seine Kinder kämpft.

INNERE KONFLIKTE

Eine der Methoden, mit denen die gefallenen Engel, die sich heute verkörpert haben, versuchen, die Seelen und Geister der Menschen Gottes zu zerstören,

Fehlschläge sind nicht tödlich.
Was zählt, ist der Mut weiterzumachen.

WINSTON CHURCHILL

besteht darin, uns unserer Unzulänglichkeit anzuklagen und uns dann einzureden, wir könnten niemals wieder aufstehen. Die Kinder Gottes machen Fehler. Aber die täglichen Fehler, die wir machen – in Schwierigkeiten geraten und Probleme bekommen, so von unserem Karma niedergedrückt und geblendet werden, dass wir Dinge tun, die wir später bedauern –, sind jene Dinge, deretwegen wir vor den Altar treten und um Vergebung bitten.

Und Gott vergibt uns, wenn wir Reue im Herzen tragen. Wer ein reines Herz hat und weiß, dass er das Richtige tun wollte, aber einen Fehler begangen hat, braucht sich nicht zu fürchten, diesen Fehler zuzugeben. Gott wird uns als Sohn oder Tochter, als Kind seines Herzens, vergeben.

Deshalb müssen wir weder an Sünde glauben noch daran, dass wir kämpfen müssen. Was immer wir auch durchgemacht haben mögen, wir können daraus lernen und unsere Erfahrungen können uns zu größerer Selbsterkenntnis und zu größerem Verständnis führen.

Wir entdecken oft, was genügt, indem wir herausfinden, was nicht genügt. Und der, der nie einen Fehler gemacht hat, hat wahrscheinlich auch nie eine Entdeckung gemacht.

SAMUEL SMILES

Es stimmt, dass jeder Fehler Folgen hat. Letzten Endes werden sie auf irgendeine Weise zu unserem Karma, aber wir können dieses Karma durch Gebete und den Dienst am Leben abmildern. Trotzdem dürfen wir Fehler machen, ohne dafür auf ewig verdammt zu werden. Und wenn wir uns nicht selbst verdammen, können wir uns leichter wieder aufrappeln und uns von Neuem bemühen.

Wir versagen nicht, weil wir einen Fehler machen. Wir versagen nur dann, wenn wir denselben Fehler immer wieder machen und den Grund dafür nicht verstehen. Das ist unser Verderben. Aber wir können aus unseren Fehlern lernen und aus den Erfahrungen des

Karmas, das durch sie verursacht wird. Und dann können wir aufhören, noch einmal dieselben Fehler zu machen, und weitergehen. Manchmal bedarf es allerdings der Hilfe eines professionellen Psychotherapeuten, um dem Problem auf den Grund zu gehen.

Die meisten von uns haben innere Konflikte, aber oft gelingt es uns, diese zu verdecken. Daher werden diese Kämpfe oft gar nicht ausgetragen und von der Seele gewonnen, sondern einfach gelassen, wo sie sind. Dann kann der Kampf zu einem Eitergeschwür im physischen Körper werden. Wenn Sie mit sich selbst nicht im Reinen sind, wenn Sie sich selbst nicht mögen, befinden Sie sich im Krieg und tragen Harmagedon in sich selbst aus. Erzengel Michael kann Ihnen helfen, Ihre inneren Konflikte siegreich zu lösen.

AUFGRUND DES FREIEN WILLENS ENTSCHEIDEN WIR UNS

Oft rufen wir die Engel an, damit sie uns vor körperlichen Gefahren schützen, aber wir vergessen, sie darum zu bitten, auch unsere Gedanken, unsere Worte und unsere Handlungen zu beschützen. Wir können die Engel bitten, diese Aspekte unseres Selbst zu behüten. Wir können sagen: »Geliebter Erzengel Michael, bitte bewahre mich davor, ein böses Wort zu sprechen, einen kritischen Gedanken über einen anderen zu haben oder Negativität in der Welt zu verbreiten.«

Und wir können uns bewusst sein, dass wir die Wahl haben, wie wir reagieren, denn wir besitzen einen freien

Willen. Das müssen wir im Interesse unseres spirituellen Weges verstehen. Wenn wir den freien Willen und die daraus entstehenden Konsequenzen ignorieren, nämlich Verantwortung für die auf dem freien Willen beruhenden Handlungen zu übernehmen, werden wir den Weg zur Erlösung nicht erkennen. Die wahre Bedeutung von Erlösung ist Selbsterhöhung auf das Bewusstseinsniveau unseres Höheren Selbst. Aufgrund unseres freien Willens treffen wir Entscheidungen, die uns näher an dieses Bewusstsein heranbringen.

Gott zwingt den Willen nicht.
Stattdessen befreit er den Willen, damit dieser
nichts anderes will als das, was Gott will.

MEISTER ECKHART

Aufgrund unseres freien Willens entscheiden wir uns, wem wir dienen, ob wir eins mit Gott sein wollen oder ob wir menschliche Götter werden wollen, die Gottes Energie nur für das niedere Selbst nutzen. Das große Geschenk des freien Willens besteht darin, dass wir uns dafür entscheiden können, Gottes Energie zu nutzen, um eins mit unserem Höheren Selbst zu werden.

Jeden Tag gibt es Sekundenbruchteile, in denen wir Entscheidungen treffen. Wollen wir uns wirklich an jedem bisschen Klatsch ergötzen? Wollen wir wirklich einen anderen Menschen kritisieren? Wollen wir wirklich dem Stolz frönen oder uns unserer Gereiztheit hingeben?

Wenn wir uns dafür entscheiden, dies zu tun, befinden wir uns nicht länger im Einklang mit Gott und seiner lebendigen Gegenwart in uns. Dann befinden wir uns im Einklang mit der Negativität, mit den Kräften, die gekommen sind, uns zu vernichten – und sei es auf noch so subtile Weise. Und manchmal sind sie wirklich sehr subtil. Aber wir können den Beistand von Erzengel Michael erbitten, unser Bewusstsein zu hüten und uns zu helfen, die besten Entscheidungen zu treffen.

DER RUF NACH SPIRITUELLER HILFE

In der Welt findet also die Schlacht von Harmagedon statt, und in uns selbst tobt oft ein Kampf. Wir können die Protagonisten sehen, und wir können erkennen, wie sie uns Wahlmöglichkeiten demonstrieren. Mit eigenen Augen können wir die Konsequenzen im Leben derer sehen, die falsche Entscheidungen treffen, und wir können sagen: »Hier wandle ich durch die Gnade Gottes. Hilf mir, o Gott. Und hilf mir, andere dabei zu unterstützen, die besten Entscheidungen in Ausübung ihres freien Willens zu treffen. Führe, behüte und leite uns alle, damit wir die Entscheidungen treffen, die uns näher zu unserem Höheren Selbst bringen.«

Bitten Sie Erzengel Michael um Schutz für sich selbst und für alle, die Sie kennen und lieben. Rufen Sie ihn an, damit er alle, die in den Krieg von Harmagedon verwickelt sind, auf jeder Ebene ihres Wesens erlösen möge.

REFLEXIONEN

- *Achten Sie darauf, wie und wobei Sie innere Konflikte erleben. Wie kann Ihnen Erzengel Michael helfen, zu einer siegreichen Lösung zu kommen?*

- *Welche anderen Schritte können Sie unternehmen, um den inneren Konflikt zu mildern und zu lösen?*

- *Auf welche Weise können Sie Ihren freien Willen einsetzen, um dem Bewusstsein Ihres Höheren Selbst näherzukommen?*

TEIL 5

MIT GOTT UND SEINEN ENGELN KOMMUNIZIEREN

BEANTWORTET GOTT IMMER ALLE GEBETE?

Wann immer Sie die Engel im Namen Gottes anrufen, müssen sie antworten – vorausgesetzt, Ihr Ruf befindet sich in Übereinstimmung mit dem göttlichen Willen und er führt nicht dazu, dass etwas Lebendes verletzt wird. Manchmal betrachten Sie eine Situation und befinden sie für aussichtslos und glauben, dass Ihnen nicht einmal die Engel helfen können. Aber das ist genau der Zeitpunkt, an dem Sie beten und die Situation dem Willen Gottes überantworten müssen.

Manchmal werden Menschen gerettet und manchmal nicht. Das hängt von ihrem Karma ab und davon, was Gott für sie will. Und wir wissen nicht, was das ist. Aber eines ist sicher: Unser Ruf wird Gott dazu bringen zu antworten und das höchste Maß an Gnade bewirken, das sein Gesetz erlaubt. Mehr als das können wir nicht erwarten, denn Gott bricht seine Gesetze nicht. Er bricht nicht das Gesetz des Karmas, und jeder von uns hat Karma.

Wir müssen unser Karma erleben, weil wir so Dinge lernen, die wir im Interesse unseres spirituellen Wachstums lernen müssen. Wenn wir zum Beispiel Verletzungen und Schmerzen erleiden, wird dadurch unser Herz erweicht und wir werden demütiger. Gott lehrt uns auf vielerlei Weise und ganz gleich, wie diese auch aussehen mag, sollten wir immer dankbar dafür sein.

MICHAELS POLIZISTEN

Die folgende Geschichte zeigt, wie einige meiner Schüler unerwartet eine Lektion lernten, als sie zu Erzengel Michael beteten.

Es geschah eines Tages, als ich in einem Bus mit einer Gruppe meiner Schüler durch Oregon fuhr. Wir beteten gerade zu Erzengel Michael, als wir plötzlich eine Lautsprecherstimme hörten, die rief: »Fahren Sie rechts ran!«

Und da war sie: die Staatspolizei von Oregon. Zwei Polizisten stiegen aus ihrem Streifenwagen, unser Fahrer stieg ebenfalls aus und begann mit ihnen zu reden. Die Polizisten fragten: »Wissen Sie, wie schnell Sie in der Kurve gefahren sind? Sie haben dabei fünf Autos überholt.« Unser Fahrer antwortete: »Nein, ich weiß es nicht.« Daraufhin sagte einer der Polizisten: »Sie sind mit etwa Tempo 100 durch die Kurve gefahren und haben dabei die anderen Autos überholt. Ich muss Ihnen einen Strafzettel geben.«

Die Schüler fragten sich, wieso Erzengel Michael es zugelassen hatte, dass wir ein Strafmandat bekamen, wo wir ihn doch um Schutz gebeten hatten. Ich erklärte ihnen, dass Erzengel Michael Gottes Willen und sein Gesetz repräsentiert. Deshalb unterstehen ihm die Polizisten, weil sie das Gesetz aufrechterhalten. Die Polizeikräfte aller Länder sollen unter Erzengel Michael dienen, um das Gesetz aufrechtzuerhalten und die Menschen zu beschützen.

Die Polizisten taten einfach nur ihre Pflicht. Eine Menge Leute hatten die Geschwindigkeitsbegrenzung überschritten, es schien, als ob sich niemand um die Geschwindigkeitsbegrenzung scheren würde. Aber wir zogen die Aufmerksamkeit des Gesetzes an, weil wir zu Erzengel Michael gebetet hatten.

Ich erklärte den Schülern, wenn sie in ihrem Bewusstsein eine Handlung des Lichts intensivieren, intensivieren sie diese Handlung auf allen Ebenen. Wenn Sie Erzengel Michael und seine Legionen anrufen, rufen Sie das Gesetz an. Daher ist es sicher eine gute Idee, sich in Übereinstimmung mit dem Gesetz zu befinden – sowohl dem Gesetz Gottes als auch dem der Menschen. Wenn Sie daher das Gesetz anrufen, sollten Sie sicher sein, dass Sie dem Gesetz auch gehorchen!

Ich war froh, dass ich einen Beitrag zum Haushalt des Staates Oregon leisten konnte, indem ich die Strafe zahlte, denn ich wusste, dass dieses Erlebnis für alle Beteiligten eine gute Lektion gewesen war.

DER GÖTTLICHE AUSTAUSCH

Aufrichtige Hingabe ist ein wahrnehmbarer Strom göttlicher Liebe, der von Ihrem Herzen zu Gott fließt. Durch diese Liebe erschaffen Sie eine Schnur, die Sie an Gott und an all die himmlischen Wesen bindet, zu denen Sie beten. Mit der Gegenströmung schickt Gott Ihnen diese Liebe verstärkt und vervielfacht zurück – je nach der Qualität und Eignung Ihrer Kommunikation. Sie spüren Gottes Antwort als seine Wärme und sein Mitgefühl oder als eine andere Manifestation seines Lichts.

Aber Sie können von Gott nicht mehr Licht empfangen, als Sie schützen und in Harmonie halten können. Sie können auf dem spirituellen Weg alles anwenden, was Sie wissen, aber wenn Sie das, was Sie von Gott empfangen, nicht halten können, wird er es nicht vervielfachen. Sie können aber Erzengel Michaels Hilfe erbitten, um dieses Licht zu schützen.

MIT GOTT SPRECHEN

Ein Gebet beginnt mit Kommunikation als persönlicher, intimer Unterhaltung mit Gott. Ich lade Sie ein, es sich zur Gewohnheit zu machen, mit Gott zu kommunizieren, mit ihm zu reden. Dazu muss man sich von der Welt abwenden und still werden. Gott möchte mit uns über unsere Probleme sprechen, aber wir müssen die Verbindung zu ihm herstellen.

Gott spricht in der Stille des Herzens.
Zuhören ist der Beginn des Gebets.

MUTTER TERESA

Wenn wir mit unserem Höheren Selbst kommunizieren, öffnen wir uns dem unbegrenzten Zustrom von Gottes Licht. Und mit ihm kommen dann die Antworten auf unsere Gebete. Um diese Antworten verstehen zu können, müssen wir uns auf Gott einstimmen und ihm gegenüber empfänglich sein. Wir müssen auch dann empfänglich für Gott sein, wenn er Nein sagt – nicht nur, wenn er Ja sagt.

Gott ist nicht der Weihnachtsmann, den wir einfach um Gefälligkeiten und Geschenke bitten können. Jene Menschen, die erlebt haben, wie Gott auf Gebete antwortet, wissen, dass Gott erwartet, dass auch wir ihm etwas geben. Das kann in Form des Dienstes an seinen Kindern, an der Liebe, an der Musik und so weiter geschehen. Alles, was wir in unserem täglichen Leben tun, können wir für Gott tun. Es kann ein Geschenk von uns an ihn sein. Wenn wir dann etwas brauchen, verfügen wir bereits über die Dynamik des regelmäßigen Austauschs. Wenn wir dem Licht dienen und auch weiterhin dem Licht dienen, wird das Licht uns dienen.

IHRE GOTT-IDENTITÄT

Wenn wir daran denken, mit unserem Höheren Selbst zu kommunizieren, fragen wir uns vielleicht: »Wer ist mein Höheres Selbst?« Und die meisten von uns haben sich ja auch von Zeit zu Zeit gefragt: »Wer bin ich?« Mein Mann, Mark Prophet, ging auf solche Fragen in folgender Weise ein:

Vor den Mammutbäumen, vor den Steinen, vor unserer physischen Gestalt, vor unserem Gefühl der Trennung war Gott. Gott der Geist war der Schöpfer der Erscheinung – des Menschen. Der Mensch ist überhaupt nicht von Gott getrennt. Aber der Mensch glaubt, getrennt zu sein, weil er glaubt, nicht groß genug zu sein, um eins mit Gott zu werden.

Sie sind heute genauso ein Teil Gottes wie jeder der Meister und Heiligen im Himmel. Gott ist in Wirklichkeit das, was Sie sind. Aber die Leute fragen: »Nun, wenn ich Gott bin, warum verhalte ich mich dann nicht wie Gott?« Deshalb möchte ich, dass Sie das Konzept der Seele verstehen.

Die Seele ist vitales Potenzial, das Potenzial von Gottes Geist in uns. Das Potenzial ist also da. Die Frage ist nur, was wir damit machen. Bleibt es klein oder dehnt es sich aus und strebt nach mehr von dem, was Gott uns bereits versprochen hat? Die Größe und das Potenzial, das in einigen der großen Adepten und Meistern ist, ist also auch in Ihnen angelegt, wenn Sie es nur erkennen.

Die Darstellung des göttlichen Selbst auf Seite 97 verdeutlicht Ihr riesiges spirituelles Potenzial und Ihre Bestimmung. Sie ist ein Porträt von Ihnen und von Gott in Ihnen. Die obere Figur ist Ihre »ICH-BIN-Gegenwart«, die Gegenwart Gottes, die für jeden von uns individualisiert wurde.

Die Darstellung des göttlichen Selbst

Die mittlere Figur repräsentiert Ihr Höheres Selbst, Ihren inneren Lehrer, die Stimme Ihres Gewissens und Ihren besten Freund. Jesus entdeckte im Höheren Selbst »den Christus«, Gautama entdeckte in ihm »den Buddha«. Daher wird das Höhere Selbst manchmal auch als innerer Christus (oder Christus-Selbst) oder als innerer

Buddha bezeichnet. Christliche Mystiker nennen es auch »den inneren Menschen des Herzens« oder das »innere Licht«. Und die Upanischaden beschreiben es auf geheimnisvolle Weise als ein Wesen von der »Größe eines Daumens«, das »tief im Herzen wohnt«. Gleich, ob wir es nun den Christus, den Buddha, den Atman oder das Tao nennen, jeder von uns ist dazu bestimmt, eins mit seinem Höheren Selbst zu werden.

Die untere Figur stellt Sie selbst auf dem spirituellen Weg dar, umgeben von dem schützenden weißen Licht Gottes und der violetten Flamme, einer hochfrequenten spirituellen Energie.

Um die ICH-BIN-Gegenwart herum befinden sich sieben konzentrische Lichtringe, die den sogenannten Kausalkörper bilden. Jeder Ring steht für einen anderen Aspekt oder ein anderes Attribut kosmischen Bewusstseins, das Sie in Ihren verschiedenen Leben entwickelt haben. Diese Attribute bestimmen Ihre individuellen Gaben und Talente, die Sie vom Kausalkörper beziehen können.

Der Strahl weißen Lichts, der vom Herzen der ICH-BIN-Gegenwart durch das Höhere Selbst in die untere Figur herabströmt, ist die Kristallschnur. Dies ist die

Nabelschnur oder Lebenslinie, die Sie mit dem Geist verbindet. Dieser Zustrom spiritueller Energie nährt und erhält die Flamme Gottes in Ihrem Herzen, die das Potenzial Ihrer Seele darstellt, eins mit Gott zu sein.

Gott hat uns so sehr geliebt, dass er diese Flamme als einen Teil von sich selbst in uns gelegt hat, damit wir darauf zugreifen können. Dieser göttliche Funke ist unser Berührungspunkt mit Gott.

Erzengel Michael dient auf dem blauen Strahl – dem Strahl oder der göttlichen Flamme des äußersten Ringes des Kausalkörpers. Dieser steht in Bezug zu den Eigenschaften von Macht, Willen, Glauben, Schutz, Führung, Mut und Gehorsam. Er entspricht einem spirituellen Energiezentrum im Körper, dem Kehlkopf-Chakra. Dies ist Ihr Machtzentrum, das Ihnen die Macht des gesprochenen Wortes verleiht. Wenn Sie es gebrauchen, um das Leben zu segnen, um zu lehren und zu heilen – also auf positive Weise –, vergrößert sich dieser Bereich Ihrer eigenen ICH-BIN-Gegenwart. Auch die anderen Bereiche werden größer, wenn Sie die zu ihnen gehörenden Eigenschaften ausleben. So wachsen Sie in der Verwirklichung und in der Manifestation Ihres Wahren Selbst.

AUF DIE INNERE STIMME HÖREN

Gott gegenüber aufnahmebereit zu sein heißt, auf die innere Stimme zu hören. Diese Stimme, die die Menschen Gewissen nennen, ist der lebende Beweis, dass Gott als Person – unser Höheres Selbst – in uns lebt und zu uns spricht. Die Stimme unseres Höheren Selbst führt uns zurück zu unserer wahren Wirklichkeit. Sie ist immer bei uns und führt uns niemals in die Irre.

Auf die innere Stimme zu hören, die auch als unser Schutzengel bekannt ist, ist eine ganz wunderbare Angewohnheit, die nicht nur wir annehmen sollten, sondern die wir auch unseren Kindern beibringen sollten. Wenn Sie noch nicht den Unterschied zwischen der inneren Stimme und jenen Stimmen kennen, die niedere Bewusstseinsformen sind, sollten Sie einfach das Beste tun, zu dem Sie im Moment imstande sind. Tun Sie einfach das, was dem, was richtig zu sein scheint, am nächsten kommt. Je mehr Sie üben, der inneren Stimme zu gehorchen, desto mehr werden Sie hören, wie sie Ihnen den nächsten Schritt auf dem Weg mitteilt.

DIE LIEBE EINES ENGELS

Dies ist die Geschichte eines Kindes, das die innere Stimme hörte und ihr gehorchte. Dadurch wurde es vor etwas bewahrt, das ihm großen Schaden hätte zufügen können.

Ich war damals etwa zehn oder elf Jahre alt. Es war an einem heißen Sommertag, mein Vater hatte gerade meine Schwester und mich aus dem Ferienlager abgeholt und wir waren auf dem Nachhauseweg. Ich war so müde, dass ich dachte, es wäre doch einfach wunderbar, meinen Kopf sinken zu lassen, ihn gegen die Tür zu lehnen und etwas zu schlafen.

Da hörte ich eine Stimme, die ich niemals vergessen werde. Es war eine weibliche Stimme – streng und doch sanft, befehlend und doch tröstend. Die Stimme sprach zu mir und sagte: »Nein, lass deinen Kopf nicht sinken. Warte, bis du zu Hause bist.«

Mir fehlen die Worte, um die Schönheit dieser Stimme zu beschreiben oder das Ausmaß der Fürsorge, die dieses Wesen für mich empfand. So ist eben die Liebe eines Engels. Ich befolgte augenblicklich den Befehl und setzte mich aufrecht hin.

Sekunden oder Minuten später wurde unser Wagen seitwärts von einem anderen Auto ge-

rammt und die Seite, auf der ich saß, wurde vollständig eingedrückt. Hätte ich meinen Kopf gegen die Tür gelehnt, wie ich es vorgehabt hatte, hätte ich sicherlich schwere Kopfverletzungen erlitten und wäre vermutlich gestorben. Meine Dankbarkeit gilt Gott für dieses wunderbare Eingreifen und die Hingabe der Engel des Lichts.

DIE MACHT DES NAMENS GOTTES

Menschen von überall her, aus allen gesellschaftlichen Schichten und aus unterschiedlichen Religionen verwenden das gesprochene Wort bei ihren Andachten. Oft wiederholen sie stündlich Mantras, um das Licht Gottes auf sich herabzuziehen. Auch wir können Gebete sprechen, um das Licht zu verankern, indem wir Gottes Namen benutzen.

Als Moses den brennenden Busch sah, fragte er den Engel des Herrn: »Was ist sein Name?« Die Bibel berichtet, dass Gott antwortete: »ICH BIN, DER ICH BIN … Das ist mein Name in Ewigkeit, und das ist meine Benennung von Generation zu Generation.«

Der heilige Name Gottes ist der Schlüssel, mit dessen Hilfe wir das Licht von oben herabziehen. Wenn wir sagen: »ICH BIN, DER ICH BIN«, bekräftigen wir: »Hier unten bin ich der, der ich oben bin. Gott ist, wo ich bin.«

Zwischen dem demütigen, reuevollen Herzen
und der Majestät des Himmels existieren keine Grenzen.
Das einzige Losungswort ist das Gebet.

HOSEA BALLOU

Gott gab uns das Geschenk seines Namens und seiner persönlichen Gegenwart in uns: unsere ICH-BIN-Gegenwart. Immer wenn Sie sagen: »Ich bin«, sprechen Sie den Namen der Gegenwart Gottes in sich aus. Was auch immer Sie darauf folgen lassen, wird durch die Macht dieses Namens bestätigt und bekräftigt. Wenn Sie sagen: »Ich bin müde, krank und alt«, ist es so, denn Sie haben es durch den Namen Gottes so verfügt. Aber wenn Sie sagen: »Ich bin froh, ich bin glücklich«, dann ist das Licht, das auf Sie herabsinkt, von der Freude und dem Glück Gottes erfüllt.

DIE PRÄZISION DES LICHTS

Manche Menschen wollen negative Umstände nicht erwähnen, aber häufig ist dies der zweitbeste Schritt auf dem Weg, sie zu überwinden. Vor langer Zeit hatte ich einmal einen Lehrer, der sagte, wir müssen den Irrtum benennen, um an ihn heranzukommen und mit ihm fertig zu werden.

Manchmal fühle ich eine Last auf mir ruhen, kenne aber den Grund dafür nicht. Dann rufe ich Gott an, damit er mir die Ursache bekannt gibt. Solange ich nicht genau weiß, worin diese besteht, bete ich Tag für Tag ganz allgemein, und die Last mag von mir genommen werden oder auch nicht und es kann sehr, sehr lange dauern, bis etwas geschieht. Aber wenn ich die genaue Ursache kenne, kann ich sie ganz spezifisch ansprechen und manchmal wird mir die Last augenblicklich abgenommen.

Daher benennen wir spezifische Umstände in unseren Gebeten, damit die Engel präzise handeln können. Jedes Wort hat eine einzigartige Schwingung. Wenn wir daher ein Wort aussprechen, vermitteln wir einerseits diese Schwingung, andererseits das Gedankenmuster dessen, was wir benennen. Und wir sagen zu den Engeln: »Ich gebe euch die Befugnis, etwas wegen dieser speziellen Umstände zu unternehmen.« Wir kommunizieren über die Schwingungen des Wortes mit der Gottheit und das Licht strömt in die betreffende Situation.

Einige der Probleme, um deretwillen wir beten, mögen das Ergebnis dessen sein, was wir in der Vergangenheit gesät haben und nun ernten. Manches mag aus gewohnheitsmäßigen Denkmustern wie Besorgtheit, Ängstlichkeit, Streitsucht oder Reizbarkeit stammen. Auch unsere Einstellung dem Leben gegenüber kann Probleme verursachen. Andere Probleme ergeben sich aus einer langen Reihe von immer größer werdenden Schwierigkeiten.

Aber ganz gleich, worin die Ursache auch bestehen mag, wir gehen alle Probleme auf dieselbe Weise an:

indem wir uns daran erinnern, dass das Licht größer ist als das jeweilige Problem. Eine Zunahme des Lichts ist immer die Folge des Gebets. Wissenschaftliche Gebete in der Form dynamischer Dekrete helfen uns, nur Licht zu sein.

REFLEXIONEN

- *In welcher Weise hat Gott auf Ihre Gebete geantwortet?*

- *In den Worten »Ich bin« liegt große Macht. Welche Veränderungen werden Sie in dem machen, was Sie in Bezug auf sich selbst affirmieren? Und was in dem, was Sie anderen über sich selbst affirmieren?*

- *Auf welche Weise hören Sie die Führung Ihres Höheren Selbst und der Engel?*

TEIL 6

HIMMLISCHEN BEISTAND ERBITTEN

DIE SCHÖPFERISCHE MACHT DES KLANGS

Die Wissenschaftler Hans Jenny und Masaru Emoto haben durch ihre Experimente bewiesen, dass unterschiedliche Klänge verschiedene Eindrücke in der Materie hinterlassen. Klang ist die universelle Schöpfungsmacht. Klang hinterlässt Eindrücke in der Materie, Stille tut dies nicht.

Als Gott die Welt erschuf, sprach er: »Es werde Licht.« Er meditierte nicht einfach, er sprach. Und augenblicklich manifestierte sich das Licht des Geistes, das immer war, ist und immer sein wird, als Materie.

Gebet ist nichts anderes als ein Sehnen der Seele …
Wenn es von ganzem Herzen gesprochen wird,
hat es große Macht.

MECHTHILD VON MAGDEBURG

Wir, die wir seine Söhne und Töchter sind, verfügen über die Autorität Gottes, das Wort auszusprechen. Durch die Sprache kommunizieren wir miteinander und empfangen die Botschaften des anderen auf direktem Wege. Wenn wir nur still dasitzen würden, könnten wir vielleicht die Gedanken des anderen spüren, aber wir würden nicht die volle Macht der Kommunikation empfangen und die volle Übertragung.

Deshalb kann das gesprochene Gebet aufgrund seiner Fähigkeit, Materie zu beeinflussen, wirksamer sein als Meditation oder stilles Gebet. Wir befinden uns in einem materiellen Universum. Materie ist Substanz und in gewisser Weise ist die falsche Anordnung der Substanz die wahre Erklärung all unserer Probleme. Deshalb wollen wir die Substanz neu ordnen, die sich als körperliche Krankheit, fehlendes Geld in unserer Tasche oder mangelnde Ausbildung und so weiter zeigt.

WIRKUNGSVOLLE GESPROCHENE GEBETE

Zwei Formen des gesprochenen Gebets sind besonders effektiv: Dekrete und Fiate. Dekrete sind dynamische Gebete oder Affirmationen, die es Ihnen ermöglichen, Gottes Energie in die Welt zu lenken, um konstruktive Veränderungen zu bewirken. Fiate sind kurze, sehr effektive Dekrete. Wenn es die Umstände erlauben, ist es am effektivsten, die Dekrete und Fiate laut und mit fester, starker Stimme auszusprechen.

Die Macht Ihrer Anrufungen wird durch Visualisierungen noch um ein Vielfaches verstärkt. Eine einfache Methode, sich Michaels blaue Flamme oder jede andere Gottesflamme vorzustellen, besteht darin, sich auf die

Erinnerung an ein brennendes Lagerfeuer zu konzentrieren. Sehen Sie vor Ihrem geistigen Auge, wie das Bild der erinnerten Flamme die Farbe annimmt, die Sie wünschen. Vergrößern Sie die Vision der Flammen nun, bis sie Ihr gesamtes Bewusstsein erfüllt. Visualisieren Sie dann, dass diese Flammen die Menschen oder Situationen vollständig einhüllen, für die Sie beten.

GEBETE PERSÖNLICH UND EFFEKTIV GESTALTEN

Wenn Sie zu Beginn Ihrer Andacht den Namen Gottes anrufen möchten, können Sie die folgende Einleitung benutzen oder einfach ein persönliches Gebet sprechen, das von Herzen kommt. Sie können die Namen der himmlischen Wesen hinzufügen, die Sie anrufen möchten. Nachdem Sie die Einleitung einmal gesprochen haben, können Sie eines oder mehrere Dekrete so oft aufsagen, wie Sie möchten.

»Im Namen des ICH BIN DER ICH BIN rufe ich dich, geliebter Erzengel Michael, und deine Legionen der Engel der blauen Flamme an. Ich bitte dich (hier das persönliche Gebet einfügen). Zu diesem Zweck dekretiere ich: ....«

Nachdem ein Dekret gesprochen wurde, wird es mit einer Schlussformel besiegelt. Dadurch akzeptieren Sie, dass Ihre Anrufungen vom Herzen Gottes empfangen wurden und dass Gott antworten wird. Dies besiegelt Ihre Handlung, die dafür sorgt, dass das Licht des Geistes spürbar in die Materie herabsinkt. Sie können zum Beispiel ein Schlusswort wie das folgende sprechen:

»Ich bitte, dass mein Ruf vervielfacht werden möge und dass alle Not leidenden Seelen auf diesem Planeten Hilfe erhalten mögen. Ich danke dir und ich akzeptiere, dass es in dieser Stunde nach dem Willen Gottes in voller Macht getan ist.«

MICHAEL UND DIE LEGIONEN DES LICHTS ANRUFEN

Das Dekret »Schutz auf Reisen« ruft Erzengel Michael herbei und er kommt mit seinen Engelslegionen. Wenn Sie zur Arbeit fahren, können Sie dieses Dekret an Erzengel Michael richten und ihn bitten, sich um Ihr Auto und jedes andere Auto auf der Straße zu platzieren. Sie können diesen Schutz auf alle ausdehnen, die irgendeine Form des Transports irgendwo auf der Welt benutzen. Sie können dieses Dekret aussprechen, ganz gleich, wo Sie sind, jederzeit und überall, ob Sie nun reisen oder nicht.

Visualisieren Sie, dass Erzengel Michael überall um Sie herum ist und Sie in alle Richtungen beschützt. Visualisieren Sie seine Rüstung als das unbesiegbare Licht Gottes, das zu feurigen Diamanten und blauen Saphiren verschmolzen ist. Sehen Sie vor Ihrem geistigen Auge, wie dieser mächtige, majestätische Erzengel Sie mit seinem spirituellen Schwert der blauen Flamme von Süchten, Lasten und einschränkenden Gewohnheiten freischneidet.

Wenn Sie wahrhaft frei sein möchten, sollten Sie jeden Tag leidenschaftlich zu Erzengel Michael beten und ihn bitten, Sie zu erlösen. Wenn Sie mit dem Rauchen, Trinken oder übermäßigen Essen aufhören wollen, wenn Sie sich von Drogen befreien wollen, wenn Sie Ihr Leben in Ordnung bringen wollen, damit Sie Gott besser dienen können, rufen Sie Michael an, damit er Ihnen hilft, diese Lasten abzuwerfen.

Erzengel Michael ist so groß wie die Erde und so winzig wie eine einzelne Zelle. Sie können Erzengel Michael und seine Legionen anrufen und sie bitten, mit ihren Schwertern der blauen Flamme in Ihren Körper und sogar in Ihre Zellen einzutreten, um jedes körperliche Problem zu beseitigen.

Erzengel Michaels Schwert der blauen Flamme ist eine Handlung des spirituellen Feuers. Erzengel Michael nimmt im wahrsten Sinne des Wortes sein Schwert und schneidet um unsere Gestalt herum und unter unseren Füßen. Die Engel der blauen Blitze, die von Banff aus ausschwärmen, benutzen dieses Schwert, um Menschen von Gefahren, von der Finsternis und von allem, von dem sie erlöst werden wollen, loszuschneiden.

Sie können das Dekret »Schutz auf Reisen« für Ihre Familie, Freunde und Kollegen aufsagen. Sie können es für die ganze Welt aufsagen. Seien Sie kreativ und umsichtig mit Ihren Gebeten und achten Sie darauf, dass sie immer von Herzen kommen. Bevor Sie dieses Dekret sprechen, können Sie eine Einleitung wie die folgende aufsagen:

> Allmächtiger Herrgott, in deinem Namen ICH BIN DER ICH BIN schicke Erzengel Michael und seine Legionen des Lichts, um mich in der blauen Flamme des göttlichen heiligen Willens und Schutzes zu versiegeln. Legionen des Lichts, erhebt eure blau flammenden Schwerter, um meine Kinder, meine Familie, meine Gemeinde, meine Stadt, mein Land und alle Menschen von allen Fesseln freizuschneiden. Beschützt uns

vor allen bekannten und unbekannten Gefahren. Versiegelt uns im Licht Gottes. Zu diesem Zweck dekretiere ich:

SCHUTZ AUF REISEN

Sankt Michael vor mir,
Sankt Michael hinter mir,
Sankt Michael zu meiner Rechten,
Sankt Michael zu meiner Linken,
Sankt Michael über mir,
Sankt Michael unter mir,
Sankt Michael, Sankt Michael,
auf allen meinen Wegen!

ICH BIN im Schutz seiner Liebe hier!
ICH BIN im Schutz seiner Liebe hier!
ICH BIN im Schutz seiner Liebe hier!

TRAVELING PROTECTION

Lord Michael before,
Lord Michael behind,
Lord Michael to the right,
Lord Michael to the left
Lord Michael above
Lord Michael below,
Lord Michael, Lord Michael wherever I go!

I AM his love protecting here!
I AM his love protecting here!
I AM his love protecting here!

LUFT STRÖMT AUF GEHEIMNISVOLLE WEISE IN EINEN KAPUTTEN REIFEN

Die folgende Geschichte handelt von einer Frau, die sich in einer Situation befand, welche sich erheblich verbesserte, nachdem sie das Dekret an Erzengel Michael rezitiert hatte.

Ich ging über den Parkplatz zu meinem Wagen, um nach West Los Angeles zurückzufahren, wo ich damals lebte. Mein linker Hinterreifen hatte einen Platten. Ich war ziemlich enttäuscht von mir selbst, weil ich seit mehr als drei Wochen ohne Ersatzreifen gefahren war. Immer wieder hatte ich mir gesagt: »Morgen kümmere ich mich darum.«

Es war an einem Samstagabend gegen 23.00 Uhr, niemand war in der Nähe und ich war über 40 Kilometer von meinem Ziel entfernt. Ich stieg ein, fuhr los und dachte darüber nach, welche Möglichkeiten ich hätte. Der Wagen machte dieses komische klopfende Geräusch, während ich langsam Richtung Autobahn weiterfuhr. Das Geräusch des Rades war so schlimm, dass ich anhielt, um mir den Reifen anzusehen. Als ich den Reifen sah, verließ mich der Mut. Ich würde einfach ganz langsam weiterfahren müssen und hoffen, dass er so lange durchhalten würde, bis mir jemand zu Hilfe kam.

In diesem Augenblick erinnerte ich mich an die Anrufung: »Sankt Michael vor mir, Sankt Michael hinter mir…« Ich sagte zu mir selbst: »Vielleicht fällt mir ja eine Lösung für diesen Schlamassel ein, wenn ich dieses Mantra so schnell wie möglich aufsage, obwohl ich ihn natürlich durch meine Schlamperei selbst verursacht habe.« Ich trat mich sozusagen mit Worten in den Hintern, weil ich es so lange aufgeschoben hatte, einen Ersatzreifen zu besorgen.

Es war mittlerweile 23.15 Uhr und die Dinge würden sich nicht verbessern, wenn ich einfach nur herumsitzen würde. Ich wusste, dass ich irgendein Wunder brauchte, aber gleichzeitig war ich völlig verzweifelt. Meine ungesprochene Bitte an Erzengel Michael war nur, dass ich es sicher den Hügel hinunter schaffen würde. Es kümmerte mich nicht groß, ob der Reifen dabei ganz draufgehen würde oder nicht.

Völlig deprimiert und ohne jedes Vertrauen fing ich an, das Dekret aufzusagen – allerdings nicht sehr laut. Ich hatte es nicht öfter als ein paarmal gesagt, als ich plötzlich einen Zischlaut hörte, der vom linken Hinterreifen zu kommen schien. Und ich spürte, wie sich der linke hintere

Teil des Wagens sanft, aber deutlich spürbar hob. Mein erster Gedanke war, auszusteigen und nachzuschauen, was da los war. Aber irgendetwas sagte mir, drinzubleiben und das Dekret so schnell und so laut wie möglich zu wiederholen. Und genau das tat ich dann auch.

Während ich weiterfuhr, fiel mir auf, dass das klopfende Geräusch verschwunden war. Ich dachte, dass das, was offensichtlich geschah, unmöglich geschehen konnte, aber dennoch wusste ich, dass es tatsächlich geschah! Ich lauschte weiterhin, ob das Klopfen wiederkommen würde, während der Wagen allmählich Geschwindigkeit aufnahm, aber das Geräusch war nicht mehr da. Ich fuhr mittlerweile etwa 80 km/h und schrie immer wieder den Ruf an Erzengel Michael.

Als der Wagen den letzten Hügel hinunterfuhr, verlor der Reifen plötzlich wieder Luft und das Klopfen war wieder zu hören. Ich fuhr den letzten Kilometer sehr langsam und hielt an einer Tankstelle. Der Tankwart sagte, er hätte keinen Ersatzreifen, der passen würde. Er fügte hinzu, dass seine Ausrüstung sowieso nicht funktionieren würde.

Ich stand eine Minute lang da und überlegte mir dann Folgendes: »Schau mal, das Mantra an Erzengel Michael hat dich sicher bis hierher gebracht. Sag es noch einmal auf. Vielleicht geschieht ja noch etwas.« Innerhalb weniger Minuten kam der Mann wieder auf mich zu und sagte: »Wissen Sie, ich glaube, ich kann den Reifen doch flicken.« Er flickte ihn in zehn Minuten und ich konnte mich auf den Heimweg machen.

In all den Jahren nach diesem Vorfall habe ich mich immer wieder gefragt: »Kann das wirklich geschehen sein?« Aber ich weiß, dass es tatsächlich geschehen war. Ich kam nur durch das Eingreifen des Erzengels Michael sicher nach Hause.

Ich denke oft an dieses Erlebnis und habe mittlerweile erkannt, dass dies nur eines von unzähligen Erlebnissen war, in denen er eingegriffen hat. Ich habe ihn noch nie gesehen, aber ich weiß, dass er in meinem Leben gegenwärtig ist.

Das Dekret »ICH-BIN-Gegenwart, du bist der Meister« ist eine entscheidende Affirmation des einen Gottes. Wir können beginnen, indem wir den Namen Gottes anrufen, dann rezitieren wir das Dekret.

Wenn Sie dieses Dekret rezitieren, stellen Sie sich vor, dass Sie sich in einem Lichtzylinder befinden. Die Gegenwart Gottes, die Sie anrufen, ist auch in seinen Erzengeln. Mit dieser Anrufung bekommen Sie also auch den Schutz des Erzengels Michael und ein Zylinder seiner blauen Flamme senkt sich über Sie herab.

Im Namen Gottes, ICH BIN DER ICH BIN:

ICH-BIN-GEGENWART, DU BIST DER MEISTER

ICH-BIN-Gegenwart, du bist der Meister,
ICH-BIN-Gegenwart, bereite mir den Weg!
Lass dein Licht und all deine Macht
in dieser Stunde hier Besitz ergreifen.
Stürme voran in siegreicher Meisterschaft,
lodere auf, blauer Blitz, deine Substanz entflamme!

Sinke in diese deine Gestalt herab,
damit seine glorreiche Vollkommenheit
hell entflamme und die Erde überwinde!

In the name of God, I AM THAT I AM:

I AM PRESENCE, THOU ART MASTER

I AM Presence, Thou Art Master,
I AM Presence, clear the way!
Let thy light and all thy power
Take possession here this hour!
Charge with victory's mastery,
Blaze blue lightning, blaze thy substance!
Into this thy form descend,
That perfection and its glory
Shall blaze forth and earth transcend!

UNERSCHROCKEN-HEIT DER INTENTION

Wenn Sie es mit ernsten Problemen wie Drogen zu tun haben, kämpfen Sie nicht nur gegen die Sucht und diese giftige Substanz, sondern auch mit unsichtbaren Mächten, die diese Sucht verstärken. Deshalb sind Süchte so schwer zu überwinden.

Rufen Sie den Herrn an, Ihnen Mut zu machen und Ihnen Unerschrockenheit zu verleihen, denn dies ist nicht die Zeit, um demütig zu sein. Jetzt sind Unerschrockenheit und Kühnheit gefragt. Befehlen Sie in Gottes Namen dem Licht zu handeln, und befehlen Sie den himmlischen Legionen, für Sie in den Kampf zu ziehen. Das Licht Gottes verleiht Ihnen die Macht, die Kraft, den Mut und die Unerschrockenheit, um selbst mit den schwierigsten Problemen fertig zu werden.

EINE DYNAMIK DES GEBETS AUFBAUEN

Die Engel brauchen die Dynamik unserer Gebetsenergie, um auf Erden handeln zu können. Wenn man ein Fiat oder Dekret immer und immer wieder aufsagt, ist das nicht einfach nur stumpfsinnige Wiederholung, sondern fester Bestandteil einer wissenschaftlichen Methode, das gesprochene Wort bei unseren Andachten gezielt einzusetzen.

Wenn Sie ein Dekret an Erzengel Michael richten, füllen Sie Ihre Aura mit seiner blauen Flamme. Diese Flamme mit ihrer Schwingung und Energie verkörpert die Attribute Glauben, Schutz, Vollkommenheit und den Willen Gottes. Indem Sie das Dekret aussprechen, aktivieren Sie hier unten einen Magneten, der genau die Attribute anzieht, die Erzengel Michael Ihnen bringen soll. Je größer die Dynamik der blauen Flamme ist, desto stärker ziehen Sie diese Flamme von den himmlischen Heerscharen an.

Ein gutes Gebet, selbst wenn es schon oft gebraucht wurde, ist in den Ohren und Augen des Himmels immer noch frisch und schön.

THOMAS FULLER

Wiederholung ist das Mittel, durch das man eine Dynamik des Lichts einer bestimmten Frequenz für einen bestimmten Zweck aufbaut. Sie können diese Dynamik noch verstärken, indem Sie täglich beten – wenn möglich immer zur gleichen Zeit.

Wenn wir Erzengel Michael herbeirufen – zum Beispiel bei Situationen, an denen Tausende von Menschen beteiligt sind wie Drogenmissbrauch, Terrorismus, Krieg oder Naturkatastrophen –, werden wir das Dekret häufig wiederholen müssen, um eine ausreichend starke Dynamik aufzubauen, damit die Engel wirksam eingreifen können.

DIE MACHTVOLLEN GEBETE EINES SCHAFHIRTEN

Dies ist die Geschichte eines ergebenen Schülers der Engel, eines Schafhirten, der bei der Rezitation von Dekreten eine starke Dynamik aufgebaut hat.

Eines Tages, als ich meine Herde oben auf den Hügeln hütete, entschied ich mich, dem großen Erzengel Michael ein Mantra zu schicken, damit er die Menschen auf Erden behüten möge. Ich gelobte, das Dekret Tausende von Malen aufzusagen. Ich tat dies in dem Glauben, dass Erzengel Michael den Menschen auf Erden umso mehr helfen würde, je mehr ich ihm gab.

Während ich das Dekret rezitierte, wurde mein Körper von einer großen rotierenden Kugel strahlend weißen Lichtes umhüllt. Michaels Gegenwart war so massiv, dass ich fühlen konnte, wie er eine gewaltige Kraft auf die Erde aussandte. Ich wuss-

te, dass er seine Kraft in die Erde strömen ließ, um den Menschen der Erde zu helfen.

Ich vollendete mein Gelöbnis, Tausende Dekrete zu rezitieren, drei Tage vor dem Ende des Sommers.

EIN RESERVOIR DES LICHTS

Wenn Sie eine Zeit lang ein Dekret an Erzengel Michael rezitiert haben, spüren Sie möglicherweise, dass sich etwas in Ihnen ändert, dass etwas in Ihnen »einrastet«. Vielleicht bemerken Sie einen deutlich spürbaren Lichtfluss, der durch Sie hindurchströmt. Diese Empfindung mag sich wie ein Lichthauch anfühlen, der im ganzen Körper spürbar ist. Das Gefühl, sich immer abmühen zu müssen, mag daraufhin nachlassen, und Sie erkennen vielleicht, dass sich etwas in Ihnen geklärt hat. Vielleicht erkennen Sie ja auch, dass in diesem Moment Ihre Gebete eine genügend starke Dynamik der Andacht aufgebaut haben und Sie dadurch Erzengel Michael den Weg bereitet haben, seine Gegenwart über Sie auszubreiten.

Diese Dynamik aus der Summe Ihrer hingebungsvoll gesprochenen Dekrete gibt Erzengel Michael und seinen Legionen die Möglichkeit, auf Ihre Anrufungen zu reagieren, wenn Sie Hilfe brauchen. Und sie erschafft ein in Ihrem Herzen eingeschlossenes Reservoir des Lichts, aus dem Sie in schwierigen Situationen schöpfen können.

FIATE: SCHNELLE ANRUFUNGEN FÜR SCHNELLE REAKTIONEN

Engel reisen nicht – nicht einmal mit Lichtgeschwindigkeit. Sie materialisieren sich. Sie sind einfach da. Sie sprechen ihren Namen aus und sie sind da. Wenn Sie die Gegenwart und die sofortige Hilfe von Erzengel Michael herbeirufen möchten, rezitieren Sie dieses Fiat:

Erzengel Michael,
Hilf mir! Hilf mir! Hilf mir!

Archangel Michael,
Help me! Help me! Help me!

Wenn alles schiefzugehen scheint, rufen Sie Erzengel Michaels Legionen herbei. Setzen Sie die ganze Macht Ihres Wesens ein und akzeptieren Sie nicht weniger, als jeden Tag Ihres Lebens siegreich zu sein. Rezitieren Sie dazu dieses Fiat:

Stürmt heran! Stürmt heran! Stürmt heran!
Verkündet den Sieg!

Charge! Charge! Charge!
And let victory be proclaimed!

DIE MACHT DER ENGEL VERVIELFACHEN

Alle himmlischen Wesen haben eine elektronische Gegenwart, die sich als aurisches Feld und Ausstrahlung zeigt. Sie besteht aus Kraftfeldern des Lichtes, die die individuelle Identität ausmachen. Diese Gegenwart kann unbegrenzt reproduziert werden. Daher können die himmlischen Wesen jedem auf Erden einzeln erscheinen oder einer Million Menschen gleichzeitig.

Folglich können Sie die Macht von Erzengel Michael und seinen Legionen um ein Vielfaches vergrößern. Sie können für jeden Mann, jede Frau und jedes Kind überall auf der Welt Dekrete rezitieren, und sie alle werden von diesem mächtigen Erzengel verteidigt werden.

Wenn Sie den Schutz der Engel herbeirufen, visualisieren Sie, dass der ganze Himmel von Legionen blau flammender Engel erfüllt ist. Sehen Sie die Engel überall um sich herum und um alle Menschen, die Sie kennen.

Wenn wir das Dekret »ICH BIN Michael, Michael, Michael« rezitieren, legt Erzengel Michael seine elektronische Gegenwart über uns. Dann ist es, als ob wir uns in ihm befinden würden. Wenn Sie Erzengel Michael sind, wo immer Sie auch stehen mögen, dann kann Ihnen nichts etwas anhaben, denn nichts kann die Macht Erzengel Michaels und seines blau flammenden Schwertes überwinden.

ICH BIN MICHAEL, MICHAEL, MICHAEL!

ICH BIN Michael, Michael, Michael!
Ich steh inmitten seiner Flamme,
ICH BIN Michael, Michael, Michael!
Durch Gottes eigenen ICH BIN Namen.
ICH BIN Michael, Michael, Michael!
Sein Glaube brennet hier lichterloh,
ICH BIN Michael, Michael, Michael!
Seine Macht und Liebe so froh!

ICH BIN Michael, Michael, Michael!
Vor Licht und Liebe beug ich mich,
ICH BIN Michael, Michael, Michael!
Verteidigung des Glaubens gelobe ich.
ICH BIN Michael, Michael, Michael!
Das Licht der Menschen beruf ich ein,
ICH BIN Michael, Michael, Michael!
Um Europas Schutz zu sein!

ICH BIN Michael, Michael, Michael!
Den Schild seines Glaubens trage ich,
ICH BIN Michael, Michael, Michael!
Seinen Ring und sein Schwert halte ich.
ICH BIN Michael, Michael, Michael!
Verzückt durch seine Liebe bin ich doch
ICH BIN Michael, Michael, Michael!
Blaue Blitze stürmen vom Himmel hoch!

ICH BIN Michael, Michael, Michael!
Beschützt durch sein Wort
ICH BIN Michael, Michael, Michael!
Des Feldherrn des Herrn immerfort.
ICH BIN Michael, Michael, Michael!
Hinunter strömen seine Scharen,
ICH BIN Michael, Michael, Michael!
Jedes Kind des Lichts zu bewahren!

I AM MICHAEL, MICHAEL, MICHAEL!

I AM Michael, Michael, Michael!
I stand within his flame
I AM Michael, Michael, Michael!
By God's own I AM name
I AM Michael, Michael, Michael!
His faith ablazing here
I AM Michael, Michael, Michael!
His power and love so dear!

I AM Michael, Michael, Michael!
To light and love I bow
I AM Michael, Michael, Michael!
To defend the faith I vow
I AM Michael, Michael, Michael!
I enlist the light of men
I AM Michael, Michael, Michael!
America defend.

I AM Michael, Michael, Michael!
His shield of faith I wear
I AM Michael, Michael, Michael!
His circle and sword I bear
I AM Michael, Michael, Michael!
Enarmored by his love
I AM Michael, Michael, Michael!
Blue lightning from above!

I AM Michael, Michael, Michael!
Protected by his word
I AM Michael, Michael, Michael!
The Captain of the Lord
I AM Michael, Michael, Michael!
His legions now descend
I AM Michael, Michael, Michael!
Each child of the light defend!

IHRE LICHTRÜSTUNG

Wenn Sie das folgende Dekret »Säule des Lichts« rezitieren, bauen Sie eine sehr effektive Schutzenergie um sich herum auf. Wenn Sie die Säule des Lichts herbeirufen, sehen Sie sich ganz in eine Lichtrüstung gehüllt, in eine Säule feurigen, undurchlässigen, weißen spirituellen Lichts. Sehen Sie, wie sie aus Ihrer ICH-BIN-Gegenwart herniedersinkt und sich in einem Durchmesser von drei Metern um Sie herum und unter Ihren Füßen ausbreitet. Sehen Sie, wie diese alle negative Energie, die gegen Sie gerichtet ist, blockiert, und dann, wie die Säule mit der violetten Flamme gefüllt wird, deren spirituelle Energie Sie von all Ihren Bürden befreit.

Es ist hilfreich, dieses Dekret zu Beginn jeder Andacht zu rezitieren, damit Sie in Ihrer eigenen mächtigen Schutzsäule aus Licht versiegelt sind.

Um Ihnen bei der Visualisierung zu helfen, können Sie sich die Abbildung auf Seite 97 anschauen, während Sie das Dekret rezitieren.

SÄULE DES LICHTS

Geliebte strahlende ICH-BIN-Gegenwart,
hülle mich in deine Säule des Lichts,
aus aufgestiegner Meister Flammen
angerufen in Gottes eigenem Namen.
Halte meinen Tempel rein
von allem Übel, das nicht mein.

Ich rufe das violette Feuer herein,
möge alle Begierde brennen und verwandelt sein.
Im Namen der Freiheit schreite ich voran,
bis eins ICH BIN mit violetter Flamme dann.

TUBE OF LIGHT

Beloved I AM Presence bright,
Round me seal your tube of light
From ascended master flame
Called forth now in God's own name.
Let it keep my temple free
From all discord sent to me.

I AM calling forth violet fire
To blaze and transmute all desire,
Keeping on in freedom's name
Till I AM one with the Violet Flame.

EINE DEUTLICH WAHRNEHMBARE LICHTSÄULE

Die Lichtsäule kann uns beschützen und einschließen, während wir unseren täglichen Geschäften nachgehen. Sie hat schon viele Menschen in scheinbar ausweglosen Situationen beschützt. Die folgende Geschichte illustriert, wie sich die Lichtsäule sowohl in alltäglichen als auch in außergewöhnlichen Umständen manifestieren kann.

Eines Tages wollte ich in letzter Minute noch einige Lebensmittel für die Feiertage einkaufen gehen. Der Parkplatz war total überfüllt und ich fühlte mich all dem nicht gewachsen. Eine Freundin hatte mich aber ein kurzes Gebet und eine Visualisierungsübung für eine schützende Lichtsäule gelehrt. Nachdem ich doch noch einen Parkplatz gefunden hatte, blieb ich in meinem Wagen sitzen und wiederholte das Gebet, bis ich das Licht überall um mich herum spüren konnte.

Ich hielt sowohl das Gefühl als auch die Vorstellung aufrecht, als ich in den Laden ging. Dort lief ein drei- oder vierjähriger Junge direkt auf mich und die automatisch schließenden Türen hinter mir zu. Während er lief, schaute er auf den Boden, sodass er überhaupt nicht merkte, dass er gleich mit mir zusammenstoßen würde.

Noch bevor ich ihm Platz machen konnte und noch bevor er mich sah, blieb er plötzlich wie an-

gewurzelt stehen. Dann lief er mit einem merkwürdigen Gesichtsausdruck in einem nahezu perfekten Kreis von zwei Metern Durchmessern um mich herum. Ich bin mir sicher, dass er die Lichtsäule entweder sah oder spürte. Sobald er sie umkreist hatte, rannte er auf seinem ursprünglichen Weg weiter zu den Türen.

Das Folgende geschah in Ghana in einer Zeit politischer Wirren. Jacob, ein Regierungsmitglied, war mit vielen anderen verhaftet worden, als die Regierung gestürzt wurde. Das Einzige, was er dabeihatte, war eine Sammlung von Dekreten, darunter auch die Säule des Lichts. Stunde um Stunde rezitierte er die Dekrete und visualisierte, was sie bewirken sollten.

Es kam die Zeit, dass er und andere Insassen vor ein Erschießungskommando gebracht wurden. Draußen standen sich eine Reihe Gefangener und eine Reihe Soldaten mit Gewehren gegenüber. Als der Offizier den Befehl zum Feuern gab, fielen alle Gefangenen tot um – nur Jacob nicht. Die Soldaten luden nach und schossen er-

neut – und wieder blieb er stehen. Sie versuchten es ein drittes Mal und er fiel immer noch nicht um.

Erschreckt sagten die Verantwortlichen: »An dir muss doch etwas Gutes sein, also lassen wir dich laufen.« Später wurde er ghanaischer Botschafter. Er schreibt sein erstaunliches Überleben der Säule des Lichts zu.

DIE VIOLETTE FLAMME DER FREUDE UND VERGEBUNG

Eine Methode, Licht zu qualifizieren, ist die violette Flamme – ein außergewöhnliches Geschenk Gottes. In unserer materiellen Welt hat das violette Licht die höchste Frequenz des sichtbaren Spektrums. Auf den spirituellen Ebenen kann die hochfrequente Energie der violetten Flamme Abfallprodukte in und zwischen den Atomen unseres Wesens verbrennen. Sie hat eine transmutierende Wirkung. Sie wandelt Abweichungen vom Licht Gottes um, sie verwandelt negative Energie in positive. Und sie bringt Gefühle der Freude und Freiheit mit sich.

Vergebung ist der Duft, den das Veilchen auf dem Fuß zurücklässt, der es zerdrückt hat.

MARK TWAIN

Das Farbspektrum der violetten Flamme reicht von Blasslila über Magenta bis zum tiefdunklen Violett des Amethysten. Sie können sich vorstellen, dass sie wie ein riesiger Radiergummi funktioniert, der alle Gefühle des Schmerzes, der Verzweiflung, des Leidens und der Begrenztheit ausradiert. Stellen Sie sich vor, wie die violette Flamme durch Ihr Herz strömt und dort Angst und Zweifel, Hartherzigkeit und alle Aufzeichnungen von mangelndem Mitgefühl löscht. Manchmal mag es noch nötig sein, diese Dinge im Rahmen einer Psychotherapie aufzuarbeiten. Sie können dann die violette Flamme gemeinsam mit der Therapie benutzen, um den Kern und die Konsequenzen schmerzhafter Erinnerungen und Erfahrungen sowie alles andere, das Sie überwinden möchten, umzuwandeln.

Sie können die violette Flamme herbeirufen, indem Sie das folgende Mantra rezitieren. Wiederholen Sie es, während Sie Ihren Alltagsgeschäften nachgehen.

ICH BIN ein Wesen des violetten Feuers,
ICH BIN die Reinheit, die Gott sich wünscht.

I AM a being of violet fire,
I AM the purity God desires.

Sehen Sie vor Ihrem geistigen Auge, wie die violette Flamme jeden Missbrauch von Gottes Energie umwandelt, während Sie das folgende Dekret rezitieren.

ICH BIN DIE VIOLETTE FLAMME

ICH BIN die violette Flamme,
die nun wirkt durch mich.
ICH BIN die violette Flamme –
vor Licht allein verbeug ich mich.
ICH BIN die violette Flamme,

in mächtiger kosmischer Kraft.
ICH BIN das Licht Gottes,
scheinend jede Stund.
ICH BIN die violette Flamme,
der Sonnenlohe gleich.
ICH BIN Gottes heilige Macht,
die alle befreit.

I AM THE VIOLET FLAME

I AM the violet flame
In action in me now
I AM the violet flame
To light alone I bow
I AM the violet flame
In mighty cosmic power
I AM the light of God
Shining every hour
I AM the violet flame
Blazing like a sun
I AM God's sacred power
Freeing every one.

Die violette Flamme trägt auch die Energie der Barmherzigkeit und der Vergebung in sich. Der erste Schritt auf dem Weg zu Gott besteht darin, uns selbst und allen anderen zu vergeben – allen, denen wir jemals Unrecht getan haben, und allen, die uns jemals Unrecht getan haben.

Wenn wir wirklich lieben wollen,
müssen wir lernen zu vergeben.

MUTTER TERESA

Während Sie das Vergebungsmantra rezitieren, visualisieren Sie, wie violette Flammen in Ringen von Ihrem Herz ausgehen. Sehen Sie, wie diese Ringe sich zu allen Menschen hin ausbreiten, die Sie kennen – besonders zu jenen, mit denen Sie Unstimmigkeiten oder Streit haben. Visualisieren Sie, wie die violette Flamme sich zu den betreffenden Menschen hin ausbreitet, um sie zu segnen. Lassen Sie jedes Gefühl der Verletztheit und des

Unrechts in diese Flamme hineinschmelzen. Die violette Flamme kann die Ursachen, die Wirkungen, die Aufzeichnungen und die Erinnerungen des Unrechts verzehren, sodass unsere Herzen in der Einheit der Liebe auferstehen. Wiederholen Sie dieses Mantra häufig und Sie werden sehen, wie sich Ihr Leben verändert.

VERGEBUNG

ICH BIN Vergebung, die hier wirkt
Angst und Zweifel treib ich aus,
Ich befrei die Menschen für alle Zeit,
mit Schwingen des kosmischen Sieges.

ICH BIN der Ruf mit voller Kraft,
der stündlich nach Vergebung strebt.
Ich verströme meine verzeihende Gnade
an alle Lebewesen an jedem Ort.

FORGIVENESS

I AM forgiveness acting here,
Casting out all doubt and fear,
Setting men forever free
With wings of cosmic victory.

I AM calling in full power
For forgiveness every hour;
To all life in every place
I flood forth forgiving grace.

Wenn Sie das Licht Gottes mit der violetten Flamme modifizieren, senden Sie Millionen violetter Flammenringe aus, die die ganze Erde verwandeln werden. Dies ist die Macht Gottes in Ihnen. Sie können etwas tun, um die Welt zu verändern!

WENN DEKRETE NICHT FUNKTIONIEREN

Dekrete funktionieren nicht, wenn Sie negative Energien in sich tragen, die Sie behalten wollen, weil die Engel nichts gegen Ihren freien Willen unternehmen können. Wenn Sie also entschlossen sind, auch weiterhin wütend auf jemanden zu sein, und an Ihrer Wut festhalten wollen, wird Ihnen kein Engel diese wegnehmen können.

Vielleicht ist es nicht einmal offener Zorn, den Sie spüren, sondern nur ein vages Gefühl, dass Ihnen Ungerechtigkeit widerfahren ist, dass jemand Ihnen irgendwann irgendwo Unrecht getan hat. Möglicherweise ist es auch nur eine leichte Gereiztheit oder Abneigung.

Was auch immer es sein mag, der Engel, der Ihnen bei Ihren ungelösten Gefühlen helfen will, kann Ihnen nur das nehmen, was Sie bereit sind, der mächtigen flammenden Gegenwart Gottes zu übergeben.

Sie können zu Gott und den Engeln beten und sie bitten, Ihnen dabei zu helfen, negative Gefühle aufzugeben. Sie können für die Auflösung von Streit, Missverständnissen und Problemen beten. Bitten Sie um geistige Führung, bitten Sie um Hilfe. Und beten Sie, auf dass Sie eins mit dem Herzen Gottes und der Engel sein mögen.

Sie können Ihr eigenes Herzensgebet formulieren und es mit dem Vergebungsdekret und anderen Dekreten an die violette Flamme beschließen. Vielleicht möchten Sie ja auch ein einfaches Gebet wie das folgende sprechen:

»Geliebte Engel, bitte helft mir, diese Wut aufzugeben. Bitte schickt die Flamme der Barmherzigkeit und Vergebung, die violette Flamme der Verwandlung, in mein Herz. Möge sie alle Hartherzigkeit und Unversöhnlichkeit aus ihm herausbrennen. Und möge sie diese Gefühle durch die Liebe und das Mitgefühl Gottes ersetzen. Im Namen des ICH BIN DER ICH BIN akzeptiere ich, dass sich dies jetzt mit voller Kraft vollzieht. Amen.«

ALLES, WAS SIE TUN, KANN HEILIG SEIN

Ihr Leben ist heilig. Alles, was Sie tun, kann heilig sein. Sie können gleich beim Aufstehen Dekrete rezitieren. Wenn Sie duschen, können Sie das Lichtsäulendekret rezitieren und sich vorstellen, dass sich mit dem Wasser auch Licht über Sie ergießt. Dies ist eine spirituelle Absolution.

Wenn Sie sich anziehen, können Sie ein Mantra an die violette Flamme sprechen und sehen, wie das lodernde violette Feuer Ihren Körper reinigt und Ihren Geist und Ihre Seele läutert.

Auf einem kleinen Tisch in Ihrem Schlafzimmer können Sie ein Bild der ICH-BIN-Gegenwart aufstellen und einen kleinen Becher, der den Kelch Ihres Wesens symbolisiert. Dann können Sie jederzeit dort hingehen, um das Licht anzurufen.

Sie können Erzengel Michael anrufen und ihn um Schutz für sich selbst und Ihre Lieben bitten, wenn Sie das Haus verlassen, reisen, Ihren täglichen Geschäften nachgehen oder abends ins Bett gehen. Sie können dies jeden Tag tun und so in Ihren Chakras und Ihrem Körpertempel die Dynamik der blauen Flamme Erzengel Michaels und all ihrer Eigenschaften aufbauen. Sie können dies auch mit der violetten Flamme oder mit jeder anderen der himmlischen Flammen Gottes tun.

Wenn Sie dann ein Freund anruft oder zu Ihnen kommt, weil er in Not ist, verfügen Sie – neben tröstenden Worten – bereits über die Dynamik der Eigenschaften der Flamme, um diese auf ihn zu übertragen. Das lindert die Not, wandelt das Erlebte um und ermöglicht es Ihnen, ihn zu halten und ihn zu erhöhen, während er in das Licht eintaucht und mehr sein Höheres Selbst wird – wie Sie selbst auch.

Ihre Stimme besitzt Macht: die Macht zu erschaffen. Indem Sie die Gabe der Sprache einsetzen, können Sie in Ihrem Leben und in der Welt positive Veränderungen bewirken.

REFLEXIONEN

- *Was können Sie tun, um Ihrem täglichen Leben mehr Heiligkeit zu verleihen?*

TEIL 7

WAHRE GESCHICHTEN VOM EINGREIFEN MICHAELS

DIE GANZ KLEINEN SIND BESCHÜTZT

DAS WUNDER DES VERDECKS

Sobald Sie einmal anfangen, zu Erzengel Michael zu beten und Dekrete zu rezitieren, baut sich eine gewisse Eigendynamik auf. Aufgrund meiner Gebete und Dekrete habe ich eine Herzensverbindung zu Erzengel Michael hergestellt. Es ist ganz selbstverständlich für mich, ihn anzurufen. Ich verlasse mich völlig auf seinen Schutz und spüre seine Gegenwart.

Als das Folgende geschah, lebte ich in einem vierstöckigen Mietshaus mitten in Manhattan. Eines Tages – ich hatte gerade meine Wohnung verlassen und ging die Straße hinunter – hörte ich eine innere Stimme sagen: »Geh sofort zu deiner Wohnung zurück!«

Ich wusste, dass ich nichts vergessen hatte, dachte aber: »Gut, dann geh ich eben zurück zu meiner Wohnung.«

Als ich zurückging, sah ich schon von Weitem das Gebäude. Das Kindermädchen der Familie im ersten Stock stand auf dem Treppenabsatz. Neben ihr stand der Kinderwagen, aber sie hielt ihn nicht fest. Sie kehrte ihm den Rücken zu und versuchte die Tür zu öffnen. Sie sah nicht, dass der Kinderwagen rückwärts auf die Treppe zurollte – eine ziemlich steile Treppe mit einem 45-Grad-Winkel. Mir schien es, als würde sich das Folgende in Zeitlupe abspielen.

Als ich sah, wie der Kinderwagen rückwärtsrollte, schrie ich: »Erzengel Michael, hilf dem Baby! Erzengel Michael, hilf dem Baby!«

Der Kinderwagen rollte unter einigem Lärm die Treppenstufen hinunter. Als er unten ankam, flog er nach vorne und kippte um. Was dann geschah, schien alle physikalischen Gesetze außer Kraft zu setzen. Das Verdeck, das ja am Ende des

Kinderwagens befestigt war, flog schneller als der übrige Kinderwagen und fing das Baby auf, als der Wagen vollends umkippte.

Leute kamen herbeigelaufen und erwarteten natürlich, das Baby schwer verletzt vorzufinden. Aber als wir das Verdeck hochhoben, sahen wir, dass es ihm gut ging. Auf dem Erdboden lagen Steine, auf die der Kopf des Babys aufgeschlagen wäre, wenn es nicht auf dem Verdeck gelandet wäre. Ich war gerade Zeugin eines Wunders geworden. Dem Kind ging es gut! Was für ein erstaunlicher Anblick!

Ich steige in kein Auto ein und beginne den Tag niemals, ohne Erzengel Michael um Beistand und Schutz zu bitten. Erzengel Michael hat vor langer Zeit geschworen, einzugreifen und uns zu beschützen. Warum sollte ich mir das nicht zunutze machen?

ÜBER DEM WACHOLDERSTRAUCH

Von unserem Küchenfenster aus habe ich einen direkten Blick auf den Garten, in dem ein ziemlich großer Wacholderstrauch steht. Als mein Sohn etwa zwei Jahre alt war, betete ich normalerweise gleich am Morgen zu Erzengel Michael.

Eines Morgens, als ich gerade meine Gebete beendet hatte, saß mein Sohn in seinem Babystuhl in der Küche und sah aus dem Fenster. Als ich ihm sein Frühstück gab, sagte er ganz beiläufig: »Da ist Erzengel Michael.«

Ich sah aus dem Fenster, konnte aber nur den Wacholderstrauch sehen. Also fragte ich: »Wo ist er denn, Liebling?«

»Dort über dem Baum«, antwortete er – und aß einfach weiter.

Ich konnte nur in meinem Herzen und im Geiste die unglaubliche Gegenwart eines Erzengels in meinem Garten visualisieren, der auf meine täglichen Gebete geantwortet hatte und so nah ge-

kommen war, dass ein kleiner Junge ihn sehen konnte und die Realität seiner Anwesenheit völlig selbstverständlich akzeptiert hatte.

EIN ENGEL IM ANZUG

Als ich noch klein war, verletzte ich mein Bein schwer. Ich hatte drei Operationen, nach denen ich eine Beinschiene tragen musste. Da sich meine Mutter noch um drei weitere Kinder kümmern musste, kam manchmal eine Fahrerin vom Roten Kreuz, um mich zur Physiotherapie zu fahren.

An jenem Tag musste die Fahrerin noch bei jemand anderem vorbei. Sie hielt auf einem Hügel – einem hohen, steilen Hügel, an dessen Ende sich eine stark befahrene Straße befand. Ich blieb im Auto, während sie in das Haus ging.

Kaum war sie gegangen, begann der Wagen rückwärts den Hügel hinunterzurollen. Er wurde immer schneller und ich wusste, dass er auf die stark befahrene Straße rollen würde. Ich wusste auch, dass ich mich in ernsten Schwierigkeiten befand, und bekam große Angst.

Das Nächste, was ich wusste, war, dass ein Mann die Tür öffnete, einstieg und das Auto zum Stehen brachte. Er war tadellos gekleidet und trug einen hellen Anzug, einen Schlips und ein weißes Hemd. Er sagte zu mir: »So, jetzt ist alles gut!«

Dann war er weg. Das war alles. Er verschwand einfach. Einen Moment vorher war kein Mann da gewesen, und als er verschwand, konnte ich nicht sehen, wohin er gegangen sein könnte. Er war einfach weg.

Als die Fahrerin aus dem Haus kam, stand ihr Wagen auf halber Höhe des Hügels. Ich konnte sehen, dass sie furchtbar erschrocken war. Sie sah mich an, als ob ich etwas angestellt hätte, und fragte mich: »Hast du irgendetwas angefasst?«

Ich antwortete: »Nein, habe ich nicht. Der Wagen fing einfach an zu rollen. Ich wusste nicht, was ich tun sollte. Dann kam ein Mann, stieg ein und hielt das Auto an.«

Erst als Erwachsener habe ich ernsthaft darüber nachgedacht, was damals eigentlich passiert war. Als Kind erwartet man wohl einfach, dass man gerettet wird, und genau das war geschehen. Als Kind hatte ich mich nicht für die Einzelheiten interessiert.

Der Wagen hatte Fahrt aufgenommen, aber irgendwie hatte der Mann ganz leicht einsteigen können. Er öffnete einfach die Tür, stieg ein und zog die Handbremse an. Heute glaube ich fest daran, dass es Erzengel Michael oder mein Schutzengel gewesen sein muss.

ERZENGEL MICHAEL IN DER STADT

STRASSENRÄUBER FLÜCHTEN VOLLER ANGST

Nach einer Abendvergnügung in einem mir unbekannten Stadtteil lief ich durch eine nicht besonders gute Gegend nahe der Innenstadt. Plötzlich tauchte aus dem Nichts eine etwa achtköpfige Gruppe junger Männer auf und fiel über mich her.

Einer schlug mir ziemlich fest ins Gesicht, sodass meine Lippe aufplatzte und ich zu Boden ging. Ein anderer suchte nach meiner Brieftasche, während ein Dritter mir gegen den Kopf trat.

Diese jungen Männer waren äußerst aggressiv und voller Zorn. Ich dachte, ich würde hier sterben. Ich hatte das Gefühl, dass sie sich von nichts stoppen lassen würden.

Laut begann ich, Erzengel Michael anzurufen: »Erzengel Michael, hilf mir, hilf mir! Erzengel Michael, hilf mir!«

Einer der Burschen sagte: »Dein Erzengel Michael kann uns mal!«

Und erneut rief ich: »Erzengel Michael, hilf mir!« Ich erinnere mich, dass ich genau in diesem Augenblick aufblickte und einem der Typen ins Gesicht sah. Ich sah darin nichts als Angst. Dann drehten sie sich alle gleichzeitig um und rannten davon. Sie rannten!

Es gab keinen offensichtlichen Grund, warum sie sich vor mir fürchten sollten, denn ich lag am Boden. Sie hatten mich genau da, wo sie mich haben wollten. Es gab also keinen Grund wegzulaufen. Und sie hatten nicht bekommen, was sie wollten, nämlich meine Brieftasche.

Als ich ärztlich versorgt worden war und mit den Polizisten sprach, konnte niemand glauben, dass eine Straßenbande einfach so weglaufen würde. Ich musste meine Lippe nähen lassen, aber sie heilte ziemlich schnell. Ansonsten ging es mir gut.

Ich bin überzeugt, dass ich meine Rettung dem spirituellen Eingreifen eines Engels zu verdanken hatte, denn es konnte keinen anderen Grund geben, warum die Bande geflohen war. Es war einfach fantastisch!

UNGLAUBLICHES ÜBERLEBEN EINER SCHUSSVERLETZUNG

Als Lucy 16 war, hatte sie eine Vorahnung, dass sie mit 30 eines gewalttätigen Todes sterben würde. Das Gefühl verschwand auch nicht, als sie erwachsen wurde. Mit 25 fing sie an, Gott zu bitten, sie vor diesem Schicksal zu bewahren.

Mittlerweile war sie Polizistin bei der Montrealer Polizei geworden. Obwohl Gewalt gegen Polizisten *in Kanada nicht so verbreitet ist wie in den Vereinigten Staaten, glaubte Lucy in Gefahr zu sein und bat Gott, sie zu Schutzgebeten hinzuleiten. Sie hatte gehört, dass Erzengel Michael der Schutzpatron der Polizisten sei, deshalb suchte sie nach Gebeten, die sie an ihn richten konnte.*

Mit 30 hörte sie zum ersten Mal von Dekreten und Gebeten an Erzengel Michael. Sie lernte auch das Fiat »Erzengel Michael, hilf mir! Hilf mir! Hilf mir!« kennen. Schnell lernte sie die Dekrete auswendig und rezitierte sie auf ihrem Weg zur Arbeit sowie auf dem Nachhauseweg und während ihrer Pausen. »Ich stand fast ständig in Kontakt mit den Engeln«, erinnerte sie sich.

Am 22. Mai 1993 rezitierte Lucy zwei Stunden lang Dekrete an Erzengel Michael, bevor sie um 20.00 Uhr ihre Schicht begann. In jener Nacht waren ihr Partner und sie auf der Suche nach einem Verdächtigen in einem Überfall. Sie hielten neben einem Mann an und fragten ihn, ob er etwas gesehen habe. Der Mann richtete eine 9-Millimeter-Pistole auf sie und verlangte die Herausgabe ihrer Dienstwaffen. Als sie zögerten, schoss er auf beide: Lucy in den Kopf, das Gesicht und das Bein, ihren Partner in den Kopf.

Lucy öffnete die Wagentür, fiel heraus und versuchte, unter dem Wagen Schutz zu finden. Dabei rief sie laut: »Sankt Michael, hilf mir! Hilf mir! Hilf mir!« Ihre Rufe machten dem Schützen Angst, weil er dachte, sie würde über ihr Funkgerät Hilfe herbeirufen. Das verschaffte ihr die Zeit, tatsächlich an das Funkgerät zu gelangen. (Der Schütze wurde später gefasst und verurteilt.)

Obwohl Lucy schwer verletzt war, hatten die Kugeln wunderbarerweise das Rückenmark und die größeren Blutgefäße verfehlt. Der Chirurg meinte, dass sie wahrscheinlich nur um Haaresbreite an einer Tragödie vorbeigeschrammt war.

Lucy schreibt diese Tatsache und ihre schnelle Heilung Erzengel Michael zu. Sie erlitt auch keinen Schock. Zwei Tage nach der Schießerei war sie bereits wieder auf den Beinen. Zehn Tage später wurde sie aus dem Krankenhaus entlassen. Obwohl ihr Gehör seitdem beeinträchtigt ist und einige ihrer Gesichtsmuskeln gelähmt sind, kann sie heute im normalen Bereich hören. Ur-

sprünglich hatten ihr die Ärzte gesagt, dass sie auf dem rechten Ohr nie wieder hören würde. Lucy beschreibt ihre Heilung als »hammermäßig«.

Warum aber hat Erzengel Michael nicht verhindert, dass überhaupt auf sie geschossen wurde? Lucy glaubt, dass ihr Karma ihn daran hinderte, die Kugeln aufzuhalten. Sie glaubt auch, dass ihre Gebete es Michael ermöglichten, die Kugeln so abzulenken, dass sie nicht tödlich waren. Obwohl ihr Karma es ihr einmal bestimmt hatte, mit 30 zu sterben, änderten ihre Entschlossenheit weiterzuleben und ihre Entscheidung zu beten ihr »Schicksal«.

»Mein Karma ließ es nicht zu, dass die Kugeln aufgehalten wurden, aber was Erzengel Michael tat, war genauso gut. Er rettete mir das Leben!«, sagte sie. »Gott beantwortet unsere Gebete nicht immer auf die Weise, die wir erwarten.«

DIREKT IN DER MÜTZE

Ich lebe in Manhattan und kenne viele Polizisten. Ich sage immer: »Hört mal, ihr solltet wirklich zu Erzengel Michael beten, bevor ihr eure Schicht anfangt. Bittet ihn um Schutz für den ganzen Tag. Bittet ihn einzugreifen, egal, was passiert.«

Manche Polizisten antworten: »Ich weiß, denn Erzengel Michael ist der Schutzheilige der Polizisten. Ich trage immer sein Bild in der Mütze.«

Viele Polizisten haben Bilder ihrer Familie in ihrer Mütze, und einige haben noch ein kleines Bildchen von Erzengel Michael – direkt in ihrer Mütze.

DER ENGEL ZEIGT SICH IN BLAUEN LICHTSÄULEN

Auf einem Seminar erfuhr ich, dass Engel und Erzengel nur kommen, wenn sie dazu eingeladen werden. Eine Sache, die gesagt wurde, befreite mich für alle Zeit von den Dogmen der orthodoxen Religionen: »Ihr müsst nicht glauben, was ich euch sage. Ihr könnt Anrufungen machen und das Gesetz in eurem Leben beweisen.«

Als ich in jener Nacht gegen ein Uhr nach Hause ging, erinnerte ich mich daran, dass das Außenlicht meiner Kellergeschosswohnung nicht funktionierte. Ich habe mich schon immer vor der Dunkelheit gefürchtet und nun spürte ich wieder diese Angst. Ich dachte daran, Erzengel Michael anzurufen und ihn zu bitten, mich in seine Gegenwart zu hüllen, mich von aller Angst zu befreien und sich mir zu zeigen.

Als ich zu Hause ankam, brannte das Außenlicht, aber es war kein gewöhnliches Licht. Es war so hell, dass ich kaum hinsehen konnte. Ich konnte mich nicht erinnern, jemals eine 1500-Watt-Birne eingesetzt zu haben!

Ich ließ das Licht an und ging zu Bett. Als ich versuchte einzuschlafen, erschienen neben meinem Bett plötzlich blaue Lichtsäulen. Ich erinnerte mich daran, dass ich Erzengel Michael angeru-

fen und ihn gebeten hatte, sich mir zu zeigen, aber mit einer solchen Lichtshow hatte ich nun wirklich nicht gerechnet.

Dann rief ich Erzengel Michael an, mich im Schlaf mit an seinen Rückzugsort im kanadischen Banff zu nehmen. In jener Nacht schlief ich friedlich und erwachte voller Tatendrang.

RETTUNG IM STEINKELLER

M*eine Mutter in North Carolina war gestorben und ich wollte zu ihrem Begräbnis fliegen. An dem Morgen, an dem der Flug stattfinden sollte, erwachte ich aus einem Traum, der mir ein dunkles, rechteckiges Erdloch in der Nähe des Hauses meiner Mutter zeigte. Die Warnung im Traum war ziemlich eindeutig: Ich sollte nicht in dieses Loch fallen. Ich interpretierte es als das Grab meiner Mutter.*

Ich hatte vor dem Abflug noch einiges zu erledigen, deshalb dachte ich: »Ich kann meine Gebete an Erzengel Michael ja auch im Flugzeug verrichten.« Aber etwas in meinem Kopf sagte: »Mach sie jetzt sofort!« Also richtete ich meine Gebete an meinen geliebten Erzengel Michael, bevor ich das Haus verließ. Dann raste ich los, um meine Erledigungen zu machen.

Ich kam an dem Gebäude an, öffnete schnell die Tür und trat in etwas ein, das ich für einen dunklen Flur hielt. Aber es war kein Flur, es war der Eingang zu einem Keller. Ich fiel kopfüber eine Treppe hinunter, landete auf dem Steinfußboden und schlug mit dem Kopf gegen eine Steinmauer.

Das Erste, woran ich mich danach erinnerte, war, dass jemand zu mir sagte: »Können Sie Ihre Finger bewegen?« Ich versicherte, dass ich dazu in der Lage sei. Jemand half mir auf und riet mir, mich ärztlich untersuchen zu lassen. Ich dachte noch: »Oh, er denkt, mit mir stimmt etwas nicht.«

Die Krankenschwestern und der Arzt im Krankenhaus waren sehr diskret. Sie fragten: »Tut etwas weh? Können Sie gut sehen?« Und sie fragten mich, ob ich eine Beule auf dem Kopf hätte.

Ich dachte: »Wissen Sie, mir geht es gut.« Erst dann wurde mir klar, dass ich einen ziemlich schweren Unfall gehabt hatte, einen schweren Sturz.

Ich bin Erzengel Michael von Herzen dankbar, dass er mich rettete, als ich in den dunklen, rechteckigen Raum fiel. Ich war gewarnt worden, hatte die Warnung aber nicht verstanden. Ich bin mir sicher, dass Erzengel Michael mich öfter gerettet hat, als mir bewusst ist. Und Sie können sich sicher sein, dass ich sehr, sehr oft zu Erzengel Michael bete.

ABGEWENDETE TRAGÖDIEN UND MISSGESCHICKE

ERZENGEL MICHAEL WIRFT SICH DAZWISCHEN

Ich fuhr auf der Autobahn, als mich ein Auto überholte. Als es einscheren wollte, konnte ich sehen, dass es meinen Wagen touchieren würde. Ich rief in meiner Verzweiflung: »Erzengel Michael, hilf mir!«

Augenblicklich sah ich Erzengel Michael zwischen meinem Wagen und dem anderen auftauchen. Er war riesig. Da war er! Direkt vor meinen Augen! Es gab keinen Aufprall oder Zusammen-

stoß, denn Erzengel Michael warf sich zwischen unsere Fahrzeuge, um mich zu beschützen.

EIN ABSTÜRZENDES AUTO ÄNDERT SEINE RICHTUNG

Es war an einem frühen Nachmittag im Winter 1994, als ich mit meiner Frau und meinen Töchtern zum Flughafen fuhr, um meine Älteste wegzubringen. Auf der Straße lag noch der Schnee vom vorigen Tag, aber der Wind hatte den größten Teil von der Autobahn geweht, sodass es große Streckenabschnitte gab, die schneefrei waren. Die Luft war kalt und ich war mir nicht sicher, ob es nicht stellenweise Blitzeis geben würde.

Als wir auf einem geraden Teil der Autobahn an einem Canyon vorbeifuhren, beschloss ich deshalb, die Bremsen zu testen, um zu sehen, ob der Wagen dabei ins Schleudern geraten würde. Der Wagen geriet sofort ins Schleudern, drehte sich einmal um die eigene Achse und begann die

Böschung hinunterzurollen. Voller Panik rief ich: »Erzengel Michael!«

Der Wagen drehte augenblicklich um, fuhr die Böschung hinauf und auf die Autobahn zurück. Voller Dankbarkeit für das schnelle Eingreifen stieß ich einen Stoßseufzer aus. Meine Frau rief: »Gut für dich! (dass du die Anrufung gemacht hast)«

Mir wurde klar, dass wir alle Zeugen eines Wunders geworden waren. Wie wunderbar es doch ist, dass die Engel eingreifen, wenn wir sie am dringendsten brauchen.

KNAPP VOR EINEM ZUSAMMENSTOSS GERETTET

Letzten Januar rief ich meinen Mann auf der Arbeit an, um ihm zu sagen, dass ich in die Nachbarstadt fahren würde, um meinen Computer wegzubringen und ein Zeitschriftenregal zu kaufen. Wie immer bat ich Erzengel Michael um Schutz auf der Straße. Auf der zwölf Kilometer langen Fahrt sah ich glatte Stellen auf der Fernstraße, was aber unter normalen Bedingungen kein Problem darstellen sollte.

Als ich ankam, lud ich das schwere Holzregal neben einem Wagenheber und anderen Werkzeugen in den Fond unseres Wagens. Ich fuhr zur Fernstraße zurück und reihte mich in den mit 110 Stundenkilometern dahinfließenden Verkehr ein.

Plötzlich tauchte auf der rechten Seite ein Auto auf und versuchte einzuscheren. Da keine Zeit war, Gas zu geben oder auf die Bremse zu treten, riss ich das Lenkrad scharf nach links, um einen Zusammenstoß zu vermeiden. Mein Wagen geriet einen Moment lang ins Schleudern, stabilisierte sich aber plötzlich wieder. Die anderen Wagen in der Nähe hatten gebremst, und ich konnte die Angst der Fahrer spüren.

Auf dem Nachhauseweg wurde mir bewusst, dass ich einem möglicherweise tödlichen Zusammenstoß nur ganz knapp entgangen war. Zudem waren die schweren Gegenstände im Fond nach vorne gerutscht, aber keines von ihnen hatte mich auch nur berührt.

Als ich wieder sicher zu Hause angekommen war, rief ich meinen Mann an, um ihm zu sagen, was geschehen war. Er sagte mir, dass er von dem Augenblick an, als ich ihm sagte, ich würde in die Stadt fahren, das starke Bedürfnis verspürte, Erzengel Michael um Schutz für mich zu bitten. Er sagte weiter, der Druck des Erzengels sei so stark gewesen, dass er gar keine andere Wahl gehabt hätte, als Dekrete zu rezitieren. Er hatte damit erst aufgehört, als ich ihn wieder angerufen hatte. Wir wussten beide, dass der Erzengel an diesem Tag eingegriffen hatte, um mein Leben zu retten.

UNTER EINEM LASTWAGEN GEFANGEN – UND GERETTET!

Eines Tages quetschten sich Kelly und ihre Freunde Wayne, Russell und Heather in

Waynes Auto, um zu einem Picknick ihrer Kirche zu fahren. Die vier Jugendlichen hatten erst seit ein paar Wochen Dekrete an die Engel rezitiert. Nun sprachen sie Erzengel Michaels »Schutz auf Reisen«, bevor sie losfuhren.

Kurz nachdem sie von der Autobahn abgefahren waren und sich auf einer Überführung befanden, überfuhr ein Fünfachser ein Rotlicht und rammte ihr Auto. Der riesige Lastwagen schleppte den Wagen etwa 200 Meter weit mit, bevor er zum Stehen kam.

Kelly befand sich auf dem rechten Rücksitz – also auf der Seite, in die der Lastwagen hineingefahren war. Sie war von eingedrücktem Metall von den Füßen bis zur Brust eingeklemmt. Ein Rad des Lastwagens lag direkt auf ihrem Körper, sodass sie keine Luft bekam.

»Macht eure Anrufungen!«, schrie Heather, die ebenfalls auf dem Rücksitz saß. Kelly konnte nicht sprechen, aber sie betete still zu Erzengel Michael.

So verrückt es auch klingen mag, aber Kelly schwört, dass sich der Lastwagen plötzlich um einige Zentimeter hob, was ihr genügend Zeit gab, den oberen Teil ihres Körpers herauszuwinden. Dann sank der Wagen wieder mit seinem vollen Gewicht. »Plötzlich konnte ich wieder atmen«, berichtete Kelly. Ihre ersten laut gesprochenen Worte waren: »Danke, Erzengel Michael.«

Während der zwei Stunden, die es dauerte, bis sie aus dem Wrack befreit werden konnte, blieb Kelly völlig ruhig, weil sie sich von der Gegenwart Michaels und seiner Engel behütet fühlte.

Nach drei Operationen hat Kelly immer noch leichte Hüftprobleme, aber wie sie sagt, »ist es nichts, mit dem man nicht leben könnte«. Wayne blieb unverletzt, während Russell einen Schlag gegen den Kopf bekam und Heather sich einen Arm brach. Kelly sagt, sie ist sich ganz sicher, dass Erzengel Michael sie alle vor schweren Verletzungen und Tod bewahrt hat.

MICHAEL ERSCHEINT ALS STRAHLENDER, JUGENDLICHER KRIEGER

Es geschah während der frühen Morgenstunden nach einem anstrengenden Tag auf einer Konferenz, an der ich teilgenommen hatte. In jener Nacht hatte ich einen furchtbaren und sehr lebendigen Albtraum, in dem ich in eine tiefe Höhle mit Dämonen eingesperrt war, die mich folterten und quälten. Ich konnte meinen Körper auf der anderen Seite der Kerkerstäbe schlafen sehen. Ich schrie und flehte meinen Körper an aufzuwachen, aber nichts geschah. Schließlich rief ich in größter Verzweiflung Erzengel Michael an.

Augenblicklich war ich wieder in meinem Körper und hellwach. Als ich in meinem Bett aufsaß, ließ die Angst allmählich nach, während ich mir die vertraute Umgebung anschaute. Mein Zimmergenosse schlief wie ein Murmeltier, aber um sein Bett und meines herum verfolgten blaue Engel einige Schattengestalten. Diese flüchteten bald durch das offene Fenster und verschwanden, gefolgt von ihren Verfolgern aus dem Engelreich, aus meinem Blickfeld. Der ganze Vorgang, der wahrscheinlich nicht mehr als ein paar Sekunden gedauert hatte, ließ mich wie gelähmt zurück.

Als ich meinen Blick auf das Fußende des Bettes richtete, sah ich dort Erzengel Michael stehen. Sein goldenes Haar wehte in einem Sonnenwind, der aus einer anderen Dimension zu stammen schien. Das Schwert vor sich haltend, füllte er den gesamten Raum vom Boden bis zur Decke aus. Er hatte das kantige, jugendliche Gesicht eines Kriegers, große Schwingen und war mit einer strahlenden goldenen Rüstung angetan, die von einem durchscheinenden kräftigen Kobaltblau durchdrungen war.

Innerhalb weniger Augenblicke hatte sich mein Gemütszustand angesichts dieses überwältigenden Erlebnisses von Schrecken über Erleichterung zu Erstaunen und nun zu ehrfürchtiger Scheu gewandelt. Ich ließ meine Seele tief von dieser himmlischen Vision trinken, während meine Augen den seinen meinen Dank übermittelten.

Wenn die Augen eines Menschen die Fenster zu seiner Seele sind, dann sind die Augen eines Erzengels möglicherweise die Eingangstore zum gesamten Kosmos – zu Vergangenheit, Gegenwart und Zukunft. Jeder einzelne Augenblick der Kämpfe und Siege der Menschen schien sich in seinem alterslosen, strahlenden Antlitz widerzuspiegeln. In seinem Blick spürte ich Trost, Frieden und transzendente Liebe. Mit Michael als meinem Beschützer würde mir nie etwas Böses geschehen können.

Ich sah ihn nicht gehen. Ich weiß, dass er mich nie verlassen wird. Ich muss nur die Augen schließen, um sein Antlitz zu sehen und seine Macht und Liebe zu mir zu spüren. Es gibt keine Worte, die meine Dankbarkeit ausdrücken könnten.

TEIL 8

LADEN SIE MICHAEL IN IHR LEBEN EIN

TIPPS, WIE SIE EINE BEZIEHUNG ZU MICHAEL AUFBAUEN KÖNNEN

1 Kommunizieren Sie jeden Tag mit Erzengel Michael.

Nehmen Sie sich jeden Tag Zeit fürs Gebet, während der Sie das aussprechen, was Ihnen am Herzen liegt. Teilen Sie Ihre Hoffnungen und Sorgen mit dem großen Erzengel. Bitten Sie ihn um Hilfe und Führung. Lauschen Sie dann und seien Sie offen für jede Führung, die Sie erhalten.

2 Geben Sie Erzengel Michael und seinen Legionen Aufträge.

Wenn Sie etwas über aktuelle Themen erfahren, zum Beispiel durch die Zeitung oder das Fernsehen, rezitieren Sie Dekrete und schnelle Fiate. Schicken Sie Erzengel Michael und seine Legionen zu diesen Situationen, um bestmögliche Lösungen zu erreichen.

3 Seien Sie präzise in Ihren Gebeten und Visualisierungen.

Wenn Sie den Engeln Aufträge erteilen, formulieren Sie diese so präzise wie möglich, indem Sie zum Beispiel genaue Namensangaben machen. Visualisieren Sie das blaue Licht des Erzengels Michael, wie es die Menschen, Probleme oder Umstände, für die Sie beten, durchdringt und umhüllt.

4 Gebrauchen Sie das gesprochene Wort – besonders Dekrete – täglich, um das Licht zu verankern.

Sie können das Licht der höheren Oktaven durch Ihre täglichen Gebete und Dekrete verankern. Benutzen Sie Ihre Stimme und die Macht des Namen Gottes, um nach dem Licht zu rufen und es durch das Eingreifen der Engel auf die Erde zu bringen.

5 Verstärken Sie die Macht Ihrer Gebete.

Bitten Sie darum, dass Ihre Gebete und Dekrete zum Wohle aller Wesen auf Erden vervielfacht und maximiert werden. Wiederholen Sie Ihre Dekrete, um eine Dynamik des Lichts und einen Vorrat an Licht aufzubauen, den Sie bei Bedarf sofort anzapfen können.

6 Bewahren Sie ein Bild von Erzengel Michael in Ihrer Wohnung und in Ihrem Auto auf.

Wenn Sie sich sein Abbild in Form eines Bildes oder einer Statue anschauen, können Sie über Erzengel Michael meditieren und visualisieren, wie er seine spirituelle Arbeit vollbringt. Ein materielles Abbild verankert außerdem das Licht von Erzengel Michaels Gegenwart.

7 Tun Sie, was Sie können, um sich selbst und Ihre Familie zu schützen.

Tun Sie praktische, vernünftige Dinge für die Sicherheit Ihrer Familie und für sich selbst. Schließen Sie Ihre Wohnung und Ihr Auto ab, behalten Sie Ihre Kinder im Auge. Nehmen Sie professionelle Hilfe in Anspruch, wenn es um Ihre körperliche Gesundheit, psychologische, rechtliche oder andere Probleme geht. Erzengel Michael kann Sie besser beschützen, wenn Sie auf der physischen Ebene Ihren Teil dazu beitragen.

8 Befolgen Sie die Gesetze Gottes und der Menschen.
Erzengel Michael ist der Verteidiger des Gesetzes. Er kann Sie am besten beschützen, wenn Sie die Gesetze Gottes und der Menschen befolgen.

9 Suchen Sie Erzengel Michaels Rückzugsort auf.
Rufen Sie vor dem Zubettgehen Erzengel Michael und seine Engel an, damit diese Ihre Seele zu seinem Rückzugsort geleiten, während Sie schlafen. Legen Sie ein Notizbuch und einen Stift neben das Bett und schreiben Sie alle Einsichten auf, die Sie beim Aufwachen haben mögen. (Siehe Seite 43 für Informationen über Erzengel Michaels Rückzugsort.)

10 Erzählen Sie anderen von Erzengel Michael.
Wenn Sie Menschen begegnen, die aussehen, als könnten sie die Hilfe der Engel brauchen, erzählen Sie ihnen von Erzengel Michael. Sie können ihnen auch ein Bild von ihm schenken. Dann haben sie ein Bild, auf das sie sich

bei ihren Anrufungen konzentrieren können, und eine Gedächtnisstütze, um sich besser an die Gegenwart dieses mächtigen Erzengels zu erinnern.

SEIEN SIE ERZENGEL MICHAEL EIN FREUND

Als ich über Erzengel Michael meditierte und mit großer Freude über das Wunder seiner Gegenwart nachsann, wurde mir klar, dass viele Menschen deswegen zu Michael beten, weil sie wollen, dass er etwas für sie tut. Natürlich ist das rechtens, aber, so dachte ich, unser lieber Erzengel Michael muss doch auch einen Freund brauchen – jemanden, der ihn einfach liebt, weil er Erzengel Michael ist, und nicht nur wegen der Gunst, die er uns erweist.

Und so geriet ich in glückseliges Schwärmen darüber, dass das Opfer, das ich ihm darbringen würde, eine Gabe der Freundschaft sein würde, dass ich ihn wegen des großen Opfers liebte, das er ursprünglich gebracht hatte, um für Sie und mich einstehen zu können.

Ich hoffe, Sie bedenken dies, wenn Sie sich mitten in der Hektik des Alltags befinden und Erzengel Michael schnell anrufen müssen. Schicken Sie ihm aus vollem Herzen eine wahrhaftige Liebesbotschaft, einen großen Lichtkreis, mit dem Sie nichts weiter erreichen wollen, als ihm einfach nur Ihren Respekt zu zollen und zu sagen: »Erzengel Michael, ich bin dein Freund auf Erden. Was kann ich für dich tun?«

Ich bete für Sie und für alle Menschen, dass Sie Freunde des Erzengels Michael sein werden. Und wenn Sie dann einen Freund brauchen, wird er für Sie da sein.

VERZEICHNIS DER ABBILDUNGEN

ÜBER DIE AUTORIN

Elizabeth Clare Prophet

Die Autorin und Gründerin des renommierten Verlags Summit University Press erlangte durch ihre Bücher, durch die Entwicklung bahnbrechender spiritueller Praktiken sowie durch zahlreiche Fernsehauftritte internationale Berühmtheit. Ihre Werke wurden in mehr als 30 Sprachen übersetzt. Sie lebt in den Rocky Mountains von Montana.

Die Originalausgabe dieses Werks wurde auf Englisch veröffentlicht und in den Vereinigten Staaten von Amerika gedruckt. Die deutsche Ausgabe veröffentlicht durch Lizenzierung von Summit University Press an Verlagsgruppe Random House GmbH, Ansata Verlag.

Kontaktadresse des Originalverlags:
Summit University Press
63 Summit Way, Gardiner, Montana 59030-9314, U.S.A.
Tel.: 001-406-848-9500 – Fax: 001-406-848-9555
E-Mail: info@summituniversitypress.com
Website: www.summituniversitypress.com